CERTIFIED
ADMINISTRATIVE
PROCEDURES LEGAL
SPECIALIST

行政書士
実務セミナー

専門分野選択 編

大野 裕次郎

編著

赤沼 慎太郎・池尻真理・石下貴大・小澤信朗
小島 健太郎・阪本浩毅・佐藤友哉・塩谷 豪・辰巳優子
寺嶋紫乃・原田 裕・古川 晃・宮城彩奈・若松 直
著

中央経済社

は じ め に

「行政書士は食えない」

行政書士を目指したことのある方なら，誰しも見聞きしたことがある言葉ではないでしょうか？

そのように言われる所以は，弁護士や司法書士などの他士業と比べたときの資格試験の難易度の低さ（参入障壁の低さ）やライバルの多さにあるのだと思います。

資格試験の難易度の低さは，行政書士になってしまえば関係のない話です。

そして「食える」「食えない」は，資格の差ではなく，個人の差だと考えています。行政書士は「食える」資格だとは言いません。どのような資格でも食えない人は食えないのです。「食える」ようになるためには，資本主義における基本原理から考えれば，ライバルとの競争に負けないようにする必要があるということになります。

行政書士の登録者数は，2010年4月1日現在で40,475人だったものが，2021年には50,000人を超え，2021年11月末現在での登録者数は50,510人となっています（日本行政書士会連合会『月刊 日本行政 2022年1月号』より）。約10年で10,000人も増えたことになります（それだけ人気の資格であるということもうかがえます）。

他の士業と比べると，そのライバルの多さがおわかりいただけると思います。

● 弁護士42,951人（2022年2月1日現在，日本弁護士連合会「日弁連の会員」より）
● 司法書士22,718人（2021年4月1日現在，日本司法書士会連合会「会員数他データ集」より）
● 社会保険労務士43,474人（2021年3月31日現在，全国社会保険労務士会連

合会「社会保険労務士白書2021年版」より）

　行政書士がライバルとの競争に負けないために必要なものは，第一に実務力ではないかと思います。もちろん成長・発展するためにはマーケティングや営業活動などのビジネスセンスも求められますが，行政書士としての実務が伴わなければそれらは意味を成しません。

　実務力が重要ですが，行政書士には，弁護士の司法修習制度や司法書士の配属研修制度のように，登録前に実務を学ぶ機会がありません。また，未経験のまま即独立開業する場合に，実務力を上げるためには，早めに専門分野を決め，その専門分野について知識を深め，経験を積んでいくという方法が手っ取り早いと思いますが，行政書士の業務範囲となる手続きは10,000種類以上と言われており，即独立開業される方にとって，専門分野の選択は容易ではありません。

　本書は，開業の参考書として，専門分野を選択する際の指針として，また，ライバルに負けず行政書士として生きていくための戦略のバイブルとして，ご活用いただくことを目的として作りました。

　PART 1 では，行政書士を目指す方や新人行政書士の方が，専門分野を検討する際のご参考になるよう「10人の先駆者が各業務を語る」として，10種類の業務の解説をさせていただきました。第一線で活躍されている行政書士の先生方が，営業活動や独自のサービスや取り組みの話も交えながら解説をしています。

　PART 2 では，行政書士を目指す方から開業後数年経った行政書士の方にもご参考になるよう「行政書士として生きていくための戦略」として，DX による業務効率化，マーケティング，採用，組織化・拠点展開，組織で働くという戦略をテーマに，各テーマの第一人者である行政書士の先生方にインタビューしました。

　巻末では，「私の独立開業日誌」として，独立開業の体験談を掲載しています。これから独立開業を目指される方に参考になる内容かと思います。

本書には総勢15名の行政書士の先生方にご登場いただきました。これだけの先生方が一堂に会する書籍は存在しないのではないかと思います。

　冒頭で「ライバルとの競争に負けないようにする必要がある」と少し厳しい現実について書きましたが，本書に登場いただいている先生方のように，人によって専門分野が異なります。専門分野が異なる行政書士同士が業務の紹介をしあう協力体制を築いていたり，また専門分野が同じ行政書士が協力して難易度の高い案件を処理したり，ライバルといえども助け合いをしていることもまた事実です。そうでなければ本書も実現していません。行政書士同士で協力体制を築くことも可能である，という視点を持って本書をお読みいただいても面白いと思います。

　そして，行政書士業務の多くは，起業や新規事業のスタート，ライフステージの変化など，お客様が新しいステージに向かう場面での支援です。業務を完了することによってお客様が新しいステージに向かうことができるため，感謝されることも多いです。そのような醍醐味も本書から感じ取っていただければと思います。
　ご購読いただいた皆さまの行政書士人生において，本書がほんの少しでもお役に立てましたら幸いです。

　最後に。本書は，『社労士の仕事カタログ』（中央経済社）に関する Twitter のツイートを見て，私が「行政書士版も欲しい！」とリツイートしたことがきっかけでした。私のノリに共感いただいた編集者様，そして，本書の内容及び執筆者の検討にあたりご協力いただいた一般社団法人行政書士の学校の校長であり行政書士法人 GOAL 代表の石下貴大先生，ならびに執筆・取材にご協力いただいた行政書士の先生方に感謝申し上げます。

2022年5月

行政書士法人名南経営　大野裕次郎

巻頭 イラストでわかる行政書士の10の分野

行政書士が扱う業務分野は幅広く，支援するお客様・クライアントも多種多様です。
本書でご紹介する分野についてご案内します。
（イラスト・文／辰巳優子（とり行政書士事務所））

FILE 1　建設業

一定規模以上の工事を請け負う建設業を営む場合には，建設業許可が必要となります。建設業許可の新規申請だけでなく，許可取得後に必要となる更新申請や決算変更届，公共工事の入札に参加するための経営事項審査や入札参加資格審査なども広く業務として取り扱います。

FILE 2　産業廃棄物

事業活動に伴って生じたごみ，すなわち産業廃棄物を収集・運搬したり，処理を行う施設を営業したりするためには，それぞれ許可を取得する必要があります。産業廃棄物業務は，建設業許可や古物商許可など他の許認可との親和性も高く，派生業務も多い分野のひとつです。

FILE 3　運送業

トラックなどで貨物を有償で運ぶ事業を営む場合は，運送業許可が必要になります。同様に観光バスやタクシーなど旅客を運ぶことも運送業にあたるため，許可が必要です。これらの許可取得手続はもちろんのこと，年次報告書の作成や法令遵守体制を構築するためのアドバイザリーとして行政書士が関わることもあります。

FILE 4　入管業務

外国人が適法に日本に滞在するためには，何らかの在留資格が必要となります。行政書士は，就労，国際結婚，永住など様々な場面で外国人の在留資格取得をサポートします。また，一定の研修を受けた行政書士であれば，外国人本人に代わって申請書を提出することができるため，日本で生活する外国人にとって頼れるパートナーとなります。

FILE 5　自動車

車の購入・保有にあたっては，さまざまな申請が必要になります。最もメジャーな車庫証明申請は他の許認可に比べても案件数が圧倒的に多いため，取り扱う行政書士事務所も全国に多くあります。車庫証明の他にもナンバープレートを変更する際に必要となる封印を取り扱うこともできるため，出張作業が発生することもあります。

FILE 6　企業支援

王道と呼ばれる会社設立業務だけでなく，中小企業の経営において行政書士が関われる場面は多くあります。資金調達支援・財務コンサルティングなどの企業支援業務は，受注単価も高く景気に左右されないため，他業務に比べても安定しやすいのが特徴です。会計や経理の知識・経験が活かせる分野です。

FILE 7　風俗営業

ナイトクラブやキャバレー，パチンコ店やゲームセンターなどの風俗営業を営むためには，警察署への許可申請手続が必要になります。申請自体はスポット業務ですが，新店舗の出店や移転，レイアウト変更などでも別途申請が発生するため，依頼の件数は安定しやすいといった特徴があります。

FILE 8　障害福祉

放課後等デイサービスや障害者向け就労支援事業などの福祉サービス事業を始めるために，必要な申請書類作成を行います。また法改正も多い分野であるため，顧問契約で継続的にサポートを受けたいというニーズも存在しています。どのような情勢でも必ず必要とされる事業であるため，近年他業種からの転換や新規参入が多いことも特徴です。

FILE 9　医療法務

診療所や医療法人の設立から医薬品の製造・販売まで，医療関係の許認可は多岐にわたります。これらの手続きは医療機関の大きな負担となるため，医師や医療スタッフが本業に集中できるよう事業に関わるさまざまな事務手続きを行うことで，医療機関を支える専門家として活躍できます。

FILE10　相続・遺言

街の法律家としての行政書士業務の王道として，相続や遺言に関わる業務があります。遺言書作成のお手伝いや遺産分割協議書の作成など，ご本人やご家族だけでは難しい書類の作成をサポートします。相続において行政書士が行える業務の範囲は限られているため，他士業との連携も活きる業務です。

CONTENTS

10人の先駆者が各業務を語る

FILE 1

建　設　業

大野 裕次郎（おおの ゆうじろう）

PROFILE

　行政書士法人名南経営社員行政書士。愛知県出身。2007年三重大学人文学部卒業後，株式会社名南経営（現：名南コンサルティングネットワーク）入社，名南行政書士事務所を兼務。2009年1月行政書士試験合格，同年10月登録。2015年行政書士法人名南経営を設立。社員（役員）就任。

　建設業者のコンプライアンス指導・支援業務を得意としており，建設業者の社内研修はもちろんのこと，建設業者の安全協力会や，各地の行政書士会からも依頼を受け，建設業法に関する研修を行っている。2020年6月『建設業法のツボとコツがゼッタイにわかる本』（秀和システム）を出版。

建設業許可関連業務が専門となった理由

■ 新卒で最初の仕事がたまたま建設業許可の決算変更届

　大学卒業後すぐ名南行政書士事務所（現：行政書士法人名南経営）に入社しました。まだ行政書士資格すら持っていませんでしたので，行政書士そのものや業務のことはよくわかっていないままこの業界に飛び込んだことになります。

　そのため，業務を選ぶという意識はなく，ただひたすら事務所の仕事をこなす中で，建設業許可という業務を専門にしようという答えにたどり着いた感じです。

　入社当時の名南行政書士事務所は建設業専門というわけではなく，相談があれば何でも対応するというスタンスの事務所でした。

　ただ，建設業許可の取り扱いは多く，売上の半分以上を占めました。今でも鮮明に覚えていますが，入社後最初に先輩から与えられた仕事が，建設業許可の決算変更届（事業年度終了届）という手続きの書類作成でした。

　決算変更届とは，簡単に説明すると，建設業許可業者が許可行政庁（国土交通大臣や都道府県知事）に対して毎事業年度終了後に提出しなければならない事業報告のことです。1年間の建設工事の実績と決算書の内容を報告する必要があり，建設業法施行規則で定められた様式に記入して届出をします。今では，当然のように決算書を読んで書類作成をすることができるのですが，「建設業許可って何？」「決算書ってなに？」という状態の当時の私にとっては，とても大変な作業でした。

■ 理解が深まるにつれて興味が変化

　どんな仕事でもそうだと思いますが，繰り返し同じ作業をすることで少しずつ理解が深まり，その仕事に対する更なる興味が湧いてきます。私も決算変更届の作成作業を繰り返すうちに，書類の意味，登場する言葉の意味を少しずつ覚えていき，「決算変更届にはどのような意味があるのだろう？」という興味に変わりました。

　その次には「決算変更届と建設業許可申請の関係性は？」「建設業許可とは？」

「建設業法はなぜ建設業許可の取得を求めている？」と，手続きへの理解を深めるにつれ，更なる興味が湧いてきました。当時の私の理解度合いと興味の変遷を図で表すと次のとおりです。

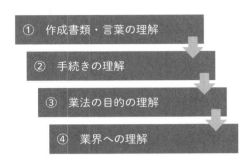

深く考えずにまずは目の前の仕事に専念するのもあり

　最終的には建設業界そのものへの興味に変わりました。人々が便利に豊かに暮らしていくための道路・河川・橋などの社会インフラや，住宅・学校・病院などの身近な施設をつくったり，地域の安心・安全を守るために，社会インフラの整備や，地震や台風などの災害発生時にすみやかな復旧作業を行う建設業に魅力を感じ，行政書士として建設業界を支援したいと感じたことがきっかけです。

　行政書士は業務範囲が広いため，どの分野を専門にしようと悩まれる方は多いです。まずは分野を決めずに，お客様からご依頼いただいた仕事を繰り返しているうちに興味を持てるようになった分野を専門にするのもよいのではないかと思います。

建設業許可関連の仕事について

　建設業許可とその関連手続きにはいくつか種類がありますので，それぞれの手続きに関して業務の説明とお客様とのやり取りのポイントについて簡単にご説明をさせていただきます。建設業許可の手続きを受任した場合，基本的には，建設業者の社長やそのご家族，総務などの手続き担当者の方とのやり取りをす

ることが多いと思います。

建設業許可とその関連手続きについて，主なもの挙げると次のとおりです。

① 新規申請
② 更新申請
③ 決算変更届（事業年度終了届）
④ 経営事項審査（経審）の申請
⑤ 入札参加資格審査の申請

■ 新規申請（①）

「① 新規申請」は，建設業許可を新たに取得するときの申請手続き業務です。建設業許可業務の中では基礎的な業務でありながら，知識や経験がものをいう業務だと思っています。私が新規申請を進めるときの手順としては次のとおりです。

お客様とのやり取りにおいては，「要件確認」がポイントです。

私の場合，受任前に必ず対面もしくはWebでの面談を入れています。「建設業許可を取得したい！」というお客様でも，建設業許可の要件を満たしていないケースも多々ありますので，まずは面談においてヒアリングベースで要件をしっかり確認しています。資料も可能な範囲でご持参いただきます。要件の説明漏れや確認漏れがないように，ヒアリングシートを作成し，面談時に持参するとよいと思います。

正式に受任した後に，要件を証明するための資料を収集します。ヒアリングベースでの要件確認は不十分で，お客様が「資格や経験があり，要件満たして

います」と言っていても，それを証明する資料が揃わなければ意味がありません。そのため，資料を収集して，その資料で要件を証明することができるか再度要件確認をしています。

　資料でも要件を証明することが確認できたら，その後は申請書類を作成し，必要書類と一緒にセットにして申請という流れで特に難しいことはありません。国土交通省の地方整備局や各都道府県が出している手引きと照らし合わせ，申請書の入力事項や必要書類の抜け漏れに注意しながら進めます。

　建設業許可の新規申請は要件の確認とその証明が難しいので，この業務を取り扱えるようになれば，他の営業系の許認可（宅地建物取引業免許や産業廃棄物収集運搬業許可など）もある程度は取り扱うことができるようになると思います。

■　更新申請（②）

　「②　更新申請」は，建設業許可を更新するための申請手続き業務です。建設業許可の有効期間は5年間で，5年に1回の更新手続きをしなければ建設業の営業を継続することができません。

　更新申請は，基本的には，申請書類作成時点で有効な許可に係る新規や更新などの申請書類の内容から，提出された変更届の内容を踏まえて申請書類を作成することになるため，手続きにおいては特段難しいことはありません。お客様とのやり取りにおいては，必要な手続きがされているか，という確認が大事です。建設業許可を取得した後は，毎年決算変更届の提出が必要ですし，申請内容に変更がある場合は，その都度，変更届の提出が必要ですので，漏れがないかをしっかりと確認する必要があります。

　履歴事項全部証明書を見て，役員等に変更がないかをしっかり確認します。変更届の提出漏れが発覚した場合はお客様に案内をして，更新申請の前に（もしくは同時に）手続きを行うようにします。今後同じようなことが起こらないように，どのようなケースで変更届の提出が必要か，お客様にアドバイスして

おくことも大事です。

　また，更新申請の手続き自体を漏らしてしまうと建設業許可が失効してしまいますので，期限管理して時期が来たらお客様に手続きをご案内するというのも大事な仕事だと考えています。

■　決算変更届（事業年度終了届）（③）

　「③　決算変更届（事業年度終了届）」は，建設業許可業者が毎年行わなければならない手続きです。毎年必ずこの手続き業務が発生しますので，建設業許可を専門にすると安定すると言われる理由はここにあります。

　決算変更届は，期限管理とお客様への手続きの案内が大事です。更新申請の期限管理もそうですが，お客様が増えてきた場合，記憶だけに頼っていると大変な目に合います。お客様は期限管理も含めて行政書士に依頼しているという感覚をお持ちの方が多いので，もし案内が漏れてしまったら，クレームに繋がることもあります。Excel などでお客様ごとにしっかりと期限管理を行い，漏れがないようにします。建設業許可の申請書類作成ソフトなどに，期限管理機能が付いていることもありますので，そういったソフトを利用することも一つの方法です。

■　経営事項審査（④）と入札参加資格審査（⑤）

　「④　経営事項審査（経審）」と「⑤　入札参加資格審査」は一緒にご説明します。

　経営事項審査とは，公共工事の入札への参加を希望する建設業者が受けなければならない審査のことです。略して，経審といいます。経審は，客観的事項の審査で，「経営状況」，「経営規模」，「技術力」，「その他の審査項目（社会性等）」について数値化して評価する審査です。審査を受けることで，建設業者ごとに点数が付けられます。

　経審が客観的事項の審査とされるのに対し，主観的事項の審査とされているのが入札参加資格審査です。誰の「主観」であるかというと，国や地方公共団

体などの公共工事の発注機関の主観です。経審は全国共通の審査項目ですが，入札参加資格審査は公共工事の発注機関が独自に定めた審査項目で審査を行い，建設業者ごとに評点を付けます。そして，客観的事項（経審の評点）と主観的事項の審査結果を点数化し，建設業者の順位付けや格付けを行っています。

　経審と入札参加資格審査は別々の審査になりますので，それぞれで申請手続きをしなければなりません。経営事項審査は公共工事の入札参加を希望する建設業者であれば，毎年決算変更届の後に手続きをすることになりますので，決算変更届の期限管理ができていれば問題ないのですが，入札参加資格審査は公共工事の発注機関によって手続きが異なり，有効期間も申請受付期間も異なるため期限管理は注意が必要です。お客様ごとにどの発注機関に対して申請をしているかを管理して，発注機関ごとに有効期間，申請受付期間を管理することが大事です。

　経審と入札参加資格審査の申請手続きにおいて，特に注意したい部分は経審の審査項目と確認資料です。経審は審査で点数が付けられることになりますが，加点対象となる審査項目をクリアしているかどうかを確認資料で証明することになります。例えば，経審の場合，「退職一時金制度もしくは企業年金制度」を導入している場合に加点対象となるのですが，導入していることを確認資料で証明しなければなりません。退職一時金制度であれば，就業規則，企業年金制度であれば企業年金基金の加入証明書などです。せっかく導入していたとしても，これらのような確認資料が揃っていない場合は，加点されないこととなります。経審はどのような審査項目があり，どのような確認資料で証明するか，をしっかりと頭に入れておくことが大事です。それが頭に入っていなければ，お客様に対して適切な必要書類をご案内することができません。

　単純に経審や入札参加資格審査の申請手続きを代行するだけではなく，建設業者様が公共工事を落札できるように，経審の評点アップのためのコンサルティングをされている行政書士の先生もいます。経審の評点アップコンサルティングは，建設業者様の売上アップを支援できる仕事なので，とてもやりがいのある業務だと思います。

■ 建設業許可業務のポイント

　ここまでご説明したことをまとめると，建設業許可とその関連手続きにおいては，以下がポイントとなります。

- 建設業許可の要件の確認
- 経審の審査項目の確認
- 建設業許可，経審の確認資料の確認
- 期限管理と案内

　建設業許可を取り扱われる方は，これらを意識しながら取り組んでいただくとよいと思います。

●建設業許可と関連手続きのサイクル

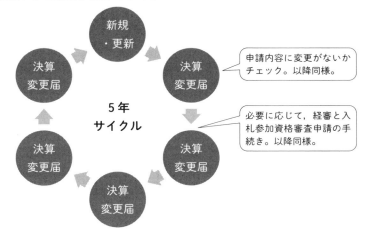

営業手法

■ 競合が多い業務

　建設業許可は行政書士業務の中でも取り扱っている行政書士が多い業務で，競合が多く，簡単に仕事を獲得することはできません。いろいろな手法で営業をしてみて感じたことですが，ターゲットとする顧客層が明確でないとうまく

いきません。マーケティング用語でいうところの「セグメンテーション」と「ターゲティング」が大事です。

　「セグメンテーション」とは，市場や不特定多数の顧客を同じニーズや性質を持つセグメント（固まり）に分けることです。そして「ターゲティング」とは，どのセグメント（顧客層）をターゲットとするかを決めることです。

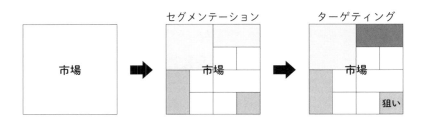

　建設業許可が専門なので，建設業許可手続きの仕事が欲しい一心で「建設業許可の手続きを行政書士に依頼したい建設業者」をターゲットとしていました。しかしながら，このターゲティングでは「建設業者」をセグメントすることなく一括りにしてしまい，ニーズを明確に捉えていなかったので，自社の強みを活かせず，競合の行政書士事務所との差別化をすることもできず，自分の望むような結果にはなりませんでした。
　同じ建設業者といえども，規模（売上，従業員数等），組織体制，成長ステージなどの性質は，会社によって全く違います。そして，抱える困り事やニーズも当然のように異なり，行政書士に求めることも同様です。

　私の経験上，行政書士に許認可申請手続きを依頼している方のニーズは，以下の4つに大別されます。
　そして，それぞれのニーズに対する行政書士としての強みの見せ方は次のようになるかと思います。

	ニーズ	ニーズに対する見せ方
①急ぎ	急ぎで許認可が欲しい	「申請まで最短○○日」等
②時間節約	社長の時間を節約したい，人手が足りない	「面倒なことは全てお任せください」等
③事務リスク低減	申請漏れ，申請ミスなどを無くしたい	「お客様に代わり許認可の期限管理」等
④法的リスク低減	法令違反による罰則・監督処分などのリスクを減らしたい	「法令遵守指導ができます」等

　セグメントの顧客のニーズが明確になれば，ニーズに対するサービスを準備することができ，そして，自分の強みを活かして営業をかけることができるようになります。

　ちなみに，当社では建設業者向けの建設業法令遵守サービスを提供していますが，「④法的リスク低減」のニーズを持った顧客をターゲットとしています。「②時間節約」というニーズを持った顧客に対して「法令遵守指導ができます」と言っても，全く響かないことは，容易にご想像いただけるかと思います。ターゲットとする顧客層を明確にするということはとても大事だと感じています。

　行政書士の場合，過去の私のように「許認可手続きを依頼したい人」というターゲティングになりがちだと思います。より具体的に顧客層をイメージすると効果的な営業ができると思いますので是非試してみてください。

◾ お客様と継続的な関係性を構築するためのニュースレター発行

　建設業許可は決算変更届や更新の手続きがあるため，顧問契約のように安定すると言われますが，基本的にはスポット業務です。税理士の顧問契約のように，毎月お客様に会うわけではなく，建設業許可の手続きに関して，お客様にお会いする機会は多くても年に1，2回程度です。スポット業務であることから，スイッチング・コスト（他社の製品・サービスに切り替える際に負担しなければならない金銭的・物理的・心理的なコスト）が低く，建設業者による行政書士の乗り越えが起こりやすいです。

　どの許認可業務でも共通して言えることだと思いますが，お客様との間では，継続的に手続きの依頼をいただける，何か困りごとがあればすぐに連絡をいた

だけるという継続的な関係性を構築しておくことが大事です。そのためには，行政書士の乗り換えが起こらないように，スイッチング・コスト（特に心理的なコスト）を高くしておく取り組みが必要だと感じています。

　税理士の顧問契約のように毎月お客様に会えば手っ取り早いのですが，年間の行政書士報酬から費用対効果を考えるとそこまではできません。そこで，当社では，建設業許可の手続きをご依頼いただいたお客様に対して，ニュースレターを発行するという取り組みをしています。

　ニュースレターはＡ４サイズ１枚分で，毎月メールで配信しています。内容としては非常に簡単で，建設業向けのお役立ち情報やスタッフの事などです。建設業許可の手続き業務を担当しているスタッフが持ち回りで記事を書いています。

　多くて年に１，２回程度しか会わないお客様に，スタッフの顔を覚えてもらうにはどうしたらよいか，アイデアを出し合い，たどり着いたのがこの方法でした。

　開始当初は紙で全てのお客様に郵送をしていましたが，それなりに費用も手間もかかっていたので，途中からメールでの配信に変更しました。お客様によってはメールより郵送がよいという場合もあるので，そのようなお客様には郵送をするようにしています。

　全く知らない行政書士に連絡するよりも，顔や趣味などのプライベートな部分も知っている人に連絡しようと思うのは当然のことですので，ニュースレターの配信により，スイッチング・コストは高まります。ニュースレターは，法令や手続きの情報などの固い話ばかりでなく，顔写真や公開できる範囲でのプライベートな情報を載せるとお客様の反応もよいと感じています。

独自のサービス

■ 建設業法令遵守サービス

　当社では建設業者向けの建設業法令遵守サービスを提供しています。用意しているサービスメニューには次のようなものがあります

> 建設業法コンプライアンス研修／顧問契約／建設業立入検査サポート／模擬立入検査／建設業法令遵守コンサルティング／建設業許可／建設業法デューデリジェンス／建設業法令遵守マニュアル

　それぞれのサービスの内容については割愛をさせていただきますが，おそらく行政書士として，開業当初からこのような法令遵守サービスを提供する方は少ないと思います（参入しにくいということもあり，当社の強みとなっているわけですが）。

　私も建設業法令遵守サービスなんて最初は考えたこともありませんでした。

　10年程前に，お客様から「従業員向けに建設業法の研修できます？」と聞かれたことがきっかけでした。

　「とりあえず勉強してやってみよう！」と依頼を受けました。1回研修をしてみて好評をいただき，「他の建設業者にもニーズがあるのでは？」と思い，建設業法コンプライアンス研修のパッケージを作り，提案をしたところ，依頼をいただくようになりました。

　建設業法令遵守サービスの始まりは建設業法コンプライアンス研修だったのですが，「顧問契約をお願いしたい」「建設業法のマニュアル作成を手伝ってもらえませんか？」「立入検査に同席してもらえませんか？」などの別の相談も来るようになりました。これらの相談もお断りせず勉強しながら対応をしていきました。

　1回対応したものは，他のお客様にもサービスとして提案をすることができるようになりますので，その都度一つずつサービスとして確立していきサービス内容を増やしました。

建設業法改正に合わせて始めたサービス

最近では，2020年10月の建設業法改正に合わせて「模擬立入検査」というサービスを始めました。模擬立入検査とは，建設業法第31条に基づく許可行政庁による立入検査と同じ方法で，建設業者様の建設業関連法令の遵守状況をチェックして，違反・改善点等を見つけ出し，解決策をご提案するというサービスです。

このサービスもお客様からの依頼で出来上がったものですが，立入検査への同席経験や研修などの経験が役立ちました。

独自のサービスは行政書士法で定められた独占業務からは外れたところに存在することも多いと思います。独占業務で実力を付け，お客様のニーズに対応しながら時間をかけて，独自のサービスを作り上げていくという視点を持つことが大事なのだと考えています。

AI 時代の建設業許可業務

オンライン化の影響

建設業許可や経審の「手続き」については行政書士にとって，今後は少し厳しい状況になっていくと考えています。

どの許認可手続きでもオンライン化の流れがありますが，建設業許可や経審の手続きにおいても同様で，2023年1月から電子申請システムの運用開始が予定されています。単純に手続きがオンライン化されるというだけでなく，行政書士業務に少なからず影響を与えることになるだろうと考えています。

あくまでも私見ですが，私が特に行政書士業務に影響を与えることになると考えているポイントを挙げておきます。

① チェックが不要になる
② 確認書類が簡素化される

③　期限管理が不要になる

④　手続きの地域性が無くなる

　本書を執筆している2022年1月現在，建設業許可や経営事項審査の手続きの
オンライン化に関する詳細な情報が出ているわけではありませんので，ここか
らは私の予想も踏まえながら説明をさせていただきます。

◼️　チェックが不要になる（①）

　現状の紙申請では，申請書類を作成して，役所の窓口に出向き（もしくは郵
送し），申請書類のチェックを受け，申請書の内容に誤りや添付書類に不足が
あれば，申請書類が受理されず，申請書類を修正して改めて窓口に出向くとい
うことが起こり得ます。実際に，建設業許可の手続きを自社対応している建設
業者様から，1回の申請のために担当者が4，5回窓口に出向いてようやく受
理された，という話を何度か聞いたことがあります。

　これがオンライン化されると，電子申請システムにより入力内容や添付書類
が自動でチェックされるようになるはずです。電子申請システムによるチェッ
クは，必要な個所に入力されているか，必要な確認書類が添付されているか，
という程度のまずは簡易的なチェックだと思いますが，電子申請なのでそもそ
も窓口に出向く必要がないですし，簡易といえども申請内容のチェックが入る
ことで何度もやり取りをする必要がなくなります。時間節約というニーズで行
政書士に手続きの依頼をされている建設業者であれば，行政書士に依頼をする
メリットが失われるかもしれません。

◼️　確認書類が簡素化される（②）

　まず，電子申請システムでは，各省庁のバックヤード連携が検討されていま
す。具体的に検討が進められているのは次の3つの省庁です。

法務省	登記事項証明書
国税庁	納税証明書（納税情報）
厚生労働省	社会保険加入状況証明書

　現状では登記事項証明書は法務局，納税証明書は税務署等で取得して，申請書類に添付して提出をする必要がありますが，バックヤード連携がされることにより，登記事項証明書や納税証明書の取得が不要となり，簡素化されることとなります。

　また，オンライン化により，確認書類が削減される可能性もあります。現状では，工事実績を確認する際に使用される契約書や請求書等の量が膨大になることがあります。電子申請システムでは確認資料をPDFで添付して送付することになると思いますが，現状と同じ量の確認資料をPDFにして添付することを考えると，申請者にとっても行政にとっても負担の軽減にならないため，オンライン化により，確認書類の削減も進められるでしょう。

　登記事項証明書や納税証明書などの確認書類をお客様の代わりに全て収集するということをセールスポイントにしている行政書士の存在価値が失われることになる可能性があります。

◉　期限管理が不要になる（③）

　サービスの一環として，継続的に関与している建設業者様に対して，決算変更届や経営事項審査，更新申請手続きの時期をご案内している行政書士は多いと思います。ただ，電子申請システムには，決算変更届や更新申請の時期を申請者に通知する機能が実装されるのではないかと考えています。許可や手続きの期限管理をしてもらえることが，行政書士に依頼する一つのメリットだと思います。この機能により，依頼者が減ってしまうこともあり得るかもしれません。

◉　手続きの地域性が無くなる（④）

　電子申請システムは，全国統一のシステムが想定されています（2023年1月

の運用開始から当面の間は，紙申請も併存されます）。

　許認可申請手続きは，許可行政庁に認められている裁量があります。例えば，建設業許可の要件である「専任技術者」について，10年以上の実務経験を証明するケースがあるのですが，この証明の方法（確認資料）が許可行政庁によって異なるということがあります。実務経験証明書に記載した工事について契約書もしくは注文書・請書が必要というケースがあったり，請求書でも OK というケースがあったり，そもそも確認資料が不要というケースもあります。現状，建設業許可にはこのような地域性があります。いわばローカルルールというものです。

　電子申請システムは，全国統一のシステムであるため，このローカルルールが無くなる可能性があります。ローカルルールがあることで，現地の行政書士に強みがあったのですが，その強みが失われる可能性があります。

　ここまで，オンライン化が行政書士にとってどのような影響をもたらすか私見を交えて説明させていただきました。行政書士にとって厳しい状況とお伝えしましたが，あくまでも「手続き」に関しての話です。逆にオンライン化の波にうまく乗ることで，生き残っていくことができると思います。

　例えば，以下が考えられます。

- 全国から建設業許可手続きを集めて大量処理する
- 単純な書類作成業務はお客様にお任せして相談業務に注力する
- 経審の評点アップコンサルティングなどのコンサル業務に注力する

　変化を恐れずに，うまく対応できる行政書士が生き残っていくのだと思います。

おわりに

これからの許認可業務には業法への理解が必須

どのような許認可も，業種ごとに対応する業法と呼ばれる法律によって定められています。業法はその業界に存在する事業者が事業を営むにあたり遵守しなければならない法律です。そして，その業法の目的を達成する手段の一つとして許認可制度が存在しています。

許認可制度は，たいてい業法の最初の方に定められています。建設業許可制度の場合は，条文数が55ある建設業法のうち第3条に定められています。つまり，建設業者には建設業許可取得後に遵守すべき建設業法の条文が他にも多くあり，建設業許可取得というのは建設業法令遵守の基礎ということです。

しかし，残念ながら建設業界自体，まだまだ建設業法令を遵守するという意識が浸透しているようには思えません。また，行政書士においても，手続きのことは詳しいが，建設業法のことはわからない・対応できないという人が多い印象です。残念ながら，違法な状態をわかっていながらも，見て見ぬふりをする行政書士がいることも事実です。

規制緩和と監督強化

これから建設業許可・経営事項審査でもオンライン化が進み，手続きの簡素化が図られることになるでしょう。建設業許可要件の緩和も進むかもしれません。手続きがしやすくなり，許可が取得しやすくなれば，手続き専門としての行政書士の存在意義は失われるかもしれません。

しかし，規制が緩和されることになれば，規制の監督が強化されることになるはずです。監督が強化されることになれば，罰則や監督処分のリスクが高まります。私はこれからの行政書士の存在意義はここにあると考えています。行政書士が建設業者の法的リスクの低減をサポートするということです。

あくまでも建設業許可は建設業法令遵守の第一歩で，許可を取得したら終わりではありません。決算変更届や更新手続きを忘れてはいけないことはもちろんですが，それは建設業法のごく一部でしかありません。建設工事請負契約書

の作成や主任技術者・監理技術者の配置，施工体制台帳の作成，帳簿の備付など，建設業法で定められたルールは他にも多くあります。法令遵守できない建設業者は淘汰されることになるでしょう。お客様が生き残っていくための法令遵守支援が必要だと考えています。

Message

　当社としては，これまで取り組んできたように，罰則や監督処分などの法的リスクを低減するための建設業者の法令遵守の支援に力を入れていきたいと考えています。

　建設業許可に限らず，どのような許認可であっても，行政書士として，業法の法令遵守のことまで考えてお客様の支援をするようにしています。

FILE 2

産業廃棄物

石下 貴大 （いしげ たかひろ）

PROFILE

　行政書士法人 GOAL 代表社員，一般社団法人行政書士の学校代表理事など。

　1978年栃木県生まれ。立教大学法学部卒業後，2008年5月に行政書士石下貴大事務所を開業。2014年に行政書士法人 GOAL を設立。現在，銀座，大阪，宇都宮，川崎の4拠点に展開している。

　行政書士が実務を学ぶ場が必要と思い，行政書士の学校を設立，年間のべ1,000人以上に10年以上行政書士業務を学ぶ場を提供しているほか，RPA や電子契約事業，補助金の検索サイト「みんなの助成金」を運営するなど行政書士×αを追求している。

　著書一覧：https://goo.gl/sLwCu2
　総合 HP：https://go-al.co.jp

環境系行政書士への道

◾ ブログがきっかけ

　私が産業廃棄物業務を選んだのは行政書士として開業する2ヵ月前からブログを始めたのがきっかけでした。ブログを始めるに当たり，タイトルを決めようと思い，何をメインにやっていくのか，なんて名乗ろうか，ひたすら考えました。その結果，今でも続けているブログのタイトルが「環境系行政書士への道」です。

　当時から行政書士でブログをされている方は沢山いましたので，ただ「行政書士の石下」というだけでは埋もれてしまう，なにか覚えていただけるように打ち出し方を考えなければということが，そのままメインとする業務を何にするかということに直結しました。

　そしてなぜ環境系で行くことを決めたかといえばですが，私自身は当時，全く産業廃棄物業界に詳しいわけではありませんでした。ただ，産業廃棄物やリサイクル周りで検索してもほとんど行政書士が出てこなかったですし，環境系行政書士という単語が文字数的にも丁度よいと思ったのです。その時はうまくいかなかったら変えればよいくらいに考えていましたが，名乗っている以上は産業廃棄物やリサイクル，環境についての記事をブログに書かねばと思い，いろいろ調べているうちに，産業廃棄物業務は以下の観点から非常に魅力的であることに気づいていきました。

◾ 市場規模と発展性

　産業廃棄物業務は環境省の統計として許可件数が20万以上と出ています。

　新規許可も年間1万件以上とありますし，産業廃棄物業界は5兆円市場ともいわれ非常に大きな市場といえます。しかも，産業廃棄物業務は収集運搬業，積替え保管，中間処理業，最終処分業という中心的な業務以外にも，一般廃棄物について同様の業務がありますし，関連するものとしても優良事業者認定制度や広域認定手続き，再生事業者認定手続きなどもあります。

　また，中間処理業や最終処分業に付随するものとして施設設置許可や建築基

準法に基づく51条但書き許可申請や消防法などの手続きなどもあり，産業廃棄物業務と一言で言っても幅が広いということを知りました。

　そしてこれは産業廃棄物収集運搬業の最大の魅力だと思いますが，この許可は都道府県ごとに必要になります。産業廃棄物が発生し積み込む場所のある都道府県，そして産業廃棄物を運ぶ先の処分場がある都道府県の許可が必要なのです。つまり，例えば全国で道路工事を行うようなクライアントがいる場合は，47件の新規許可案件があるのです。他の許認可は知事許可と大臣許可というものしかありませんので，例えば東京と神奈川でスタートした場合でも数年後に関東全域，そこから東北や東海にも営業エリアを広げていく等の場合にはその都度依頼になる可能性があるのです。また，役員の変更や車の増車などがあった場合にはそれぞれ許可を持っている都道府県ごとに変更届が必要ですし原則5年毎にそれぞれ変更許可申請が必要です。

　また，経済活動を行う限り産業廃棄物がなくなることはなく，一方で，近年はSDGsという言葉が一般化していますが，廃棄物の再利用を含めて今後も法改正が多いのではないかという予想ができます。法改正が多いということは，それだけお客様に変更事項が発生するということ。つまり改正に対応していくための相談だったり変更する手続きだったりが増えることは仕事に繋がりやすいのではないかと考えたのです。

■ 業務の継続性と拡張性

　産業廃棄物業務の場合は他の多くの許認可と同じように基本的には5年ごとの更新になります（優良事業者認定を受けると5年が7年になります）。そう考えると継続性という点は特に高く見えないかも知れませんが，産業廃棄物収集運搬業の場合には他の許認可でも必要な役員変更や本店移転などが変更届に該当する以外にも，車を追加するとか入れ替えるときも変更届の対象になります。定期的に車の変更はありますし，これは許可を持っている都道府県ごとに手続きをしなければなりませんので，継続的な案件となりやすいといえます。

　さらに言えば，複数の都道府県の許可を持っている場合には許可の期限管理や変更事項について必要な手続をしているかなどの管理についてニーズがあるので，顧問契約を締結し継続的な報酬を得ることも可能になります。

一方で，産業廃棄物業界は許可取り消しを始めとする行政処分も少なくないため，コンプライアンスの観点から顧問契約をしたいというお客様もいらっしゃいます。

また，拡張性という視点から見ると，産業廃棄物業務は非常に親和性が高い業務が多いのも特徴といえます。産業廃棄物の半数近くは建設系の廃棄物というのもあり，建設業を兼業している事業者は少なくありません。また，運送業者も行きは荷物を運び，帰りは空荷で戻るのではなく産業廃棄物を運搬するというのも珍しくはありませんし，不要なもの以外が出たときには古物商の許可で中古品販売する事業者様も多いです。また，高額な設備が必要な産業廃棄物中間処理業だと補助金のサポートのご依頼をいただくこともあります。

このように他の許認可手続きのご依頼をいただける，産業廃棄物業務から他の許認可手続きのご依頼につながる，などの広がりという意味でも産業廃棄物業務は非常に魅力的なのです。

■ 報酬と工数のバランス

このように産業廃棄物業務は非常に幅が広いのですが，おおよそで言えば産業廃棄物収集運搬業が1件あたり6〜8万円の報酬である一方で，中間処理業は200万〜となっており，1,000万以上になることも十分にあり得る話です。この報酬額は他の許認可ではなかなかないのではないかと思うのですが，そこで考えなければならないのがかかる工数です。例えば200万円の報酬だったとしても，2年以上許可取得までかかるのはよくある話なので，月に計算すれば10万未満となります。ただ，中間処理業を営んでいらっしゃる方は収集運搬業の許可を持っていることが多いので，報酬と工数についても総合的に考えるとバランスのよい業務なのではないかと思います。

> **●産業廃棄物業務とは**
> 産業廃棄物業務はこれまで述べているように非常に幅の広い業務です。そもそも廃棄物は産業廃棄物と一般廃棄物に区分されます。また，それぞれについて有害性が高く規制が強い特別管理産業廃棄物と特別管理一般廃棄物に分類されます。産業廃棄物とは事業活動に伴って生じた廃棄物のうち法定されている種類のものになります。

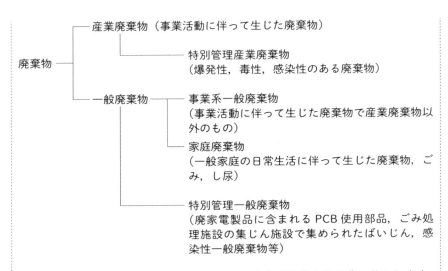

産業廃棄物，一般廃棄物それぞれについて収集運搬と処分業に分かれます。収集運搬業は廃棄物の発生場所から処分場所に運ぶための許可と言えますが，一時保管や積替えをするかしないかで（積替え保管のありなしで）手続きは分かれます。また，処分業も中間処理業と最終処分業に分かれます。中間処理業とは廃棄物を無害化，減量，圧縮などをすることであり，最終的に埋め立てや海洋投棄をするのが最終処分となります。

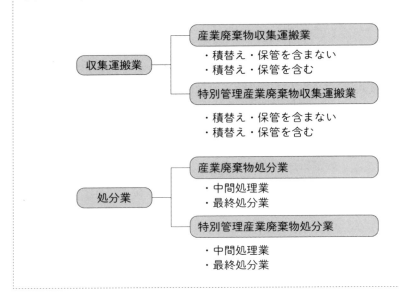

産業廃棄物業務のやりがい

　産業廃棄物業務のやりがいは環境や自然，地球のこれからに貢献できる仕事ということです。間接的にですが，こうした事業をされている皆さまのサポートをさせていただくことで，廃棄物の適正処理や資源循環に関わっていると思っています。

　特にコロナ禍において顕著にもなりましたが，廃棄物業界で働く方はいわゆるエッセンシャルワーカーです。生活していれば，経済活動をしていれば，廃棄物はなくなることはありません。緊急事態宣言下でも，リスクを抱えながら廃棄物業界の方は我々の生活のために働き続けていました。

　今も脱炭素，脱プラスチックが世界的に叫ばれ，環境保全のためにさまざまな問題を抱えています。産業廃棄物業界はその中心にいる業界と言えるでしょう。今後も制度や法律も改正が続くと考えられています。産業廃棄物業界の業界団体も，以前は産業廃棄物連合会だったのですが，数年前に産業資源循環連合会と名称変更したのにもあらわれているように，業界全体として廃棄物処理というよりも資源の循環，持続可能な社会の実現に向けて変化の真っ只中と言え，こうした変化の中で行政書士は行政と業界の架け橋となれる仕事だと思っていますし，個人的にとてもやりがいを感じています。

　市場も大きく，業務としてのやりがいもあり，発展性や拡張性が多い産業廃棄物業務ですが，残念なことにあまり専門的に取り組んでいる行政書士が増えていません。収集運搬業は経験がある方はいらっしゃるものの，中間処理などの施設系の許可についてはまだまだ対応できる行政書士が足りていません。おそらくはイメージ的なものが強いのではないかと思うのですが，この業界を一緒に盛り上げてくれる方が増えてくれることを切に願っています。

営業手法

■　ターゲットにより営業手法を変える

　産業廃棄物業務は業務の範囲も広いですし，どこの層に営業するかによって営業方法も異なります。弊社では産業廃棄物業界向けでも３つのホームページ

を運用しています。いわゆるペルソナとかターゲットとかの話ですが，どこの層かによって訴求することが変わってくるため分けて運用しているのです。

例えばこれから車一台で産業廃棄物収集運搬業を始めようとする方を対象にする場合，おそらく早さや報酬の額，営業時間に融通がきくかなどがポイントになります。特に忙しい社長には，レスポンスが早いとか，土日や遅めの時間に対応可能とかが強みになりえます。

一方で，例えば全国で許可が取りたい，車の台数も100台とかになると報酬の額や営業時間外の対応などよりは，組織体制，実績などのほうが重視されるでしょう。これは他の業務にも言えますが，同じ業務，業界でも，お客様によって求めることが異なります。お客様に応じて営業方法や訴求するポイントを変えることが大事だと思っています。

■ 既存のお客様をフォローする

行政書士はスポット業務が多いと言われます。それゆえ，どうしても新規のご依頼を受けることに頭が行きがちですが，既存のお客様のフォローをすることもとても大事です。5年ごとの更新許可に合わせてしっかり期限管理をして，事前にご案内を重ねることで，長い目で見れば継続的な依頼につながりやすくなります。また，役員や車の変更についての変更届も，許可取得時などにしっかりご案内するだけでなく，定期的にお知らせすることが大切です。

行政書士の難しいところは税理士の記帳や社労士の給与計算のように毎月の業務が発生しにくく，継続的なやりとりがしにくいところにあります。顧問契約のような継続課金のモデルを作りにくいのも厳しいところですが，継続的なお付き合いがしにくいというのはそれだけお客様との信頼構築がしにくいとも言い換えられます。人は接触回数が多いほど信頼関係が作りやすいと思いますが，単に1回きりの許可申請で終わってしまい，あとは変更がなければ5年後の更新許可でその間やり取りがないと関係性を深くするのは難しいでしょう。だからこそ，お客様向けに事務所案内などの方法でお役立ち情報を発信するなどして，お客様と継続的なやり取りを作る工夫をするのはとても大事だと思います。

独自のサービスや取り組み

◼ 更新のご案内のハガキやお役立ち情報の発信

　私の事務所では，既存のお客様については更新期限の半年前に更新のご案内のハガキを送らせていただいています。そしてその後でメールも送付させていただいています。お客様によってはメールをあまり見ないという方もいらっしゃるので両方でご案内するようになりました。ハガキもレターパックにするか AB テストしてみて，反応が今のところよいのがハガキなので当面はそちらで運用することにしています。

　産業廃棄物業務のお客様に限らず，既存のお客様には定期的にメールでお役立ち情報を送っています。法改正などもそうですが，近いところですとコロナ対策の補助金や支援金情報などをまとめて案内しています。また，顧問先とChatwork でグループを作らせていただき，そちらでも同様の情報発信をしています。こうしたツールについて何を使っていくかは柔軟にお客様のニーズを見ながら変えています。

◼ 業界の活性化に尽力

　独自の取り組みとしては，公益社団法人全国産業資源循環連合会青年部協議会の相談役をしています。全国の産業廃棄物業界の皆様からなる団体で，業界の活性化のために毎月全国幹事会を開催したり，カンファレンス，全国大会などを行っています。今ですと SDGs や産業廃棄物業界の DX 化などの論点について意見を出し合ったり実際にイベントを行ったりしていますが，年に数回，環境省の方とも意見交換する機会があり，現状の課題や今後の展望などについて意見を聞けるのはとても勉強になっています。

◼ DX 化支援

　数年前から，産業廃棄物業界に特化した電子契約事業もグループ会社で行っています。全領域で DX 化が進んでいきますが，コロナでリモートワークや在

宅勤務が推奨されている中で働き方は大きく変わっているのは産業廃棄物業界も同様です。エッセンシャルワーカーとして現場で運搬や処分をされている方はリモートというわけにはいきませんが，事務作業においてはどんどんDX化が進むでしょう。特に契約書については契約書の授受や送付のために事務所に行くというようなことは無駄ですし，印紙代，郵送代なども削減でき，保管もクラウドででき，即時に契約締結できる電子契約は今後さらに普及していくと思っています。行政書士として手続き業務にとどまらず，契約内容のチェック，契約書の作成から電子契約による業務効率化，生産性向上にも関われることで，許認可手続きを含む事務作業のアウトソーシング自体をサービス化することでサービス力の強化を狙っています。

これからの業務についての展望

　産業廃棄物業界も日本の人口減少に伴って廃棄物の総量が減少しているため業界全体としての許可数は微減しています。2011年と2012年は東日本大震災により一時的に市場規模が大きくなっていますし，自然災害の多い日本では今後も大規模災害の影響を大きく受けるでしょうが，全体で見れば廃棄物の総量自体は減り，また，処分ではなくリサイクルの方向性はさらに強まるため大きな変化の渦中にいる業界といえるでしょう。今後国内で継続的に大きく市場規模が伸びることは見込めないとは思いますが，一方で変化が多い業界だからこそ行政書士が活躍できる場面も多いと思っています。

■ 事業承継・M&A

　産業廃棄物業界に限らず，経営者の高齢化に伴う事業承継，M&Aはより活発になっていくと思っています。中小企業の経営者の平均年齢は上がり続けていますが，後継者が決まっていない会社も増え続けています。

　環境問題の重要性が増すなかで，製造業など製品を供給する産業を動脈にたとえ，廃棄物の回収や再利用を行う産業廃棄物業界は静脈産業と言われますが，まさに経済活動を支える大切な産業であり，コロナ禍でもエッセンシャルワーカーとして生活に必要不可欠な産業であることが再確認されています。そんな

産業廃棄物業界でも後継者不足による会社存続の危機というのは大きな課題となっています。

　具体的には産業廃棄物収集運搬業者による同業の買収，つまりエリア拡大を意図したM&Aが多くみられるほか，ファンドによる買収も行われており，保有するノウハウ，設備，技術によっては業績を大きく改善する可能性を秘めた業界であると言えます。実際に私の事務所でも純粋なM&A以外に，海外のファンドがSPC（特定目的会社）を設立し，許可を新規取得した上で購入するケースも増えています。

　また，大量の廃棄物を発生させるメーカーなどが処分場を買い取るケースもあります。M&Aについては行政書士として関われるのは役員変更や株主変更に伴う変更届くらいと思われがちですがそうではありません。万が一，高額の譲渡金を支払い購入した会社が，行政処分を受けて営業停止や許可取り消しとなったらどうでしょう？　産業廃棄物業務は許可がなくては仕事ができません。行政処分を受けると社名公表され，営業に多大な損失を受けてしまいます。

　行政書士は行政処分を受ける可能性がないかチェックし，監査報告書を作成することもできますし，逆に売る側の会社について，行政処分が課される可能性を減らすためのコンサルティングとして関わることも可能なのです。

　このところ行政書士に限らず他の士業の中でも事業承継やM&Aは大きな市場であり，明らかなトレンドになっています。これらの業務を扱っている他士業や仲介会社と連携し，行政手続き部分の監査やコンサルティングを打ち出していければ新たな市場をつくれるのではないかと思います。

● 脱炭素や脱プラスチックに関する補助金

　脱炭素や脱プラスチックという世界的に大きな流れの中で，この数年大きな予算をかけた補助金が出ています。我々行政書士は補助金も業務として扱えますので，手続き業務以外にこれらの補助金についても扱えるのは大きな武器になると思っています。例えばメーカーが自社処理だけでなく業として産業廃棄物業務をやっていくのであれば事業再構築補助金を使える可能性もありますし，より業務効率が高い設備に切り替えるならものづくり補助金も対象になる可能性があります。

また，これらの経産省系の補助金以外にも2022年度は，環境省のエネルギー対策特別会計の補助事業として主に脱炭素社会構築のための資源循環高度化設備導入促進事業として省 CO_2 型プラスチック高度リサイクル設備導入事業，化石資源由来プラスチックを代替する再生可能資源由来素材の省 CO_2 型製造設備導入事業，太陽光パネルリサイクル設備導入事業，リチウムイオン電池リサイクル設備導入事業があり，省 CO_2 型リサイクル等高度化設備導入促進事業としてプラスチックリサイクル高度化設備緊急導入事業などがあります。

　これらは中間処理業における処理方法にも密接に関連しますので，手続きだけではなく補助金の提案，活用のサポートができることは非常にニーズが大きいと思います。このように業界が変化していくというのは行政手続きも，それを推進する補助金も大きく動きが出てきますので新しいニーズが生まれやすくチャンスにつながると思っています。毎年しっかりと補助金の情報を得ることで，お客様に提案していければ，新たな依頼につながるかもしれません。

おわりに

■ 許可取得は GOAL ではない

　私自身，まだまだ道半ばではありますが，環境系行政書士として開業から産業廃棄物業界に関わっていくことを決め，日々この道を追求しています。本当に奥の深い業界だと感じています。手続き業務を正確に早く行っていくことはもちろんですが，それ以外にも産業廃棄物業界をサポートできることはないかという視点を常に持ち続けています。それが補助金のご提案，申請のサポートだったり，電子契約事業などに繋がっているわけですが，業界特化することで新しいニーズをいち早く感じることができ，自社のサービスのブラッシュアップ，アップデートに繋がっています。

　お客様にとって許可取得は「GOAL」ではありません。あくまでスタートです。お客様の事業の成長，発展に貢献できることは数多くあります。大事なのは視野を広く，手続き面だけでなく業界全体をみて，何ができるかを考えていくことだと思っています。私は我々の生活を支える産業廃棄物業界の方に強い敬意を持っています。だからこそ，自分たちもただの手続き屋ではなく，より

身近な相談相手として寄り添っていきたいと考えています。

これからこの業務を始める人へ

　産業廃棄物業務は収集運搬業務は詳細な手引を各都道府県が出してくれているものの，積替え保管や中間処理などになるとほぼ何も参考になるものはないのが現状です。それがこの分野に参入してくる行政書士が少ないことにも影響を与えていると思います。ただ，まずは産業廃棄物収集運搬業がベースの知識になりますので，手引を徹底的に読み込むことをおすすめします。

　その上で実務につなげるには，お客様の業界のことを知ることが大事です。関連する書籍や業界誌を読むほうがよいと思います。例えば環境新聞や循環経済新聞が参考になります。

　さらに，実際に処理やリサイクルされている現場を見ることはとても大事です。収集運搬については建設現場の横にとまっているダンプを見ると産業廃棄物収集運搬車というステッカーが貼られているのも多くなんとなくイメージはつくのですが，中間処理や最終処分については工場見学などで実際に見てみるのが一番です。

Message

　私も開業して産業廃棄物業務をメインにやっていくと決めて京都の大きな処分場を見学に行きました。そこは食品廃棄物も扱っていてとても臭いがきつく，建設系の廃棄物の破砕機の音や振動におどろきました。

　RPF という資源リサイクルについても，自分たちが出しているペットボトルなどが資源として再利用される工程を見れたことでより納得感も出ました。何より，臭いや騒音などが厳しい中でも，自然や環境のために業務に励む産業廃棄物業界の皆様の使命感やお仕事に触れることで一層，この業界に貢献できる行政書士になると想いを強くしました。

　本書がきっかけとなり，ひとりでも多くの方が産業廃棄物業務に関わる仲間として，より良い自然を後世に残していくことに間接的にでも関わってくださる方が増えるのを心から願っています。

FILE 3

運送業

阪本 浩毅（さかもと ひろき）

PROFILE

　行政書士法人シグマ代表社員。行政書士。

　1978年宮城県桃生郡河北町（現：石巻市）生まれ，千葉県佐倉市出身。法政大学法学部法律学科卒業後，株式会社 JTB 入社。JTB 退社後は大手司法書士法人にて商業登記業務に従事したあと，2011年に行政書士試験合格。2つの行政書士法人で許認可申請業務に従事。2013年4月に行政書士登録。2013年10月に独立開業し，行政書士サカモト法務オフィス設立。2015年8月，事務所を法人化して行政書士法人シグマ設立。現在に至る。

　私が大切にしていること
　「三方よし」と「先義後利」の精神

行政書士の運送業務について

■ 運送業とは

　行政書士の運送業務は，自動車を使用して，貨物や旅客を有償で運ぶ事業者の事業運営に必要となる許認可の取得と取得後の維持管理が中心です。

　運送業というと緑ナンバーのついたトラックを使用しての運送会社をイメージされる方が多いかもしれませが，EC 通販の普及で黒ナンバーが付いている軽自動車の貨物車を見かけることはないでしょうか。黒ナンバーの軽貨物車を使って有償で貨物を運ぶことも貨物軽自動車運送事業と呼ばれ，運送業の一つです。

　さらに，有償で旅客を運ぶことも運送業にあたります。具体的には，観光バスや路線バス，タクシーやハイヤーといった緑ナンバーがついた自動車で旅客を運送する事業も運送業に該当します。

■ 社会インフラを支える仕事

　行政書士の運送業務は，自動車を使用して，旅客と貨物を有償で運ぶために必要な事業許可を取扱うため，社会インフラである人流と物流を陰で支える側面があります。

　例えば，皆さんが手に取られているこちらの書籍。EC サイトで購入された場合，手元に届くまでには複数の貨物運送事業者さんの手によって運ばれます。書店で購入した場合であっても，印刷工場から書店に届くまでの間にも複数の貨物運送事業者さんが関与します。書籍を印刷するために必要となる印刷機や紙，インクなどの資材も，貨物自動車運送事業者が印刷工場まで運んでいるでしょう。

運送業の分類

■ 2つの運送業　〜旅客と貨物〜

　行政書士が関与する許認可法務の分野では，建設業・宅建業・風俗営業と並んで古典的な業務が運送業務です。

　運送業は「運ぶ」客体の違いで，旅客自動車運送業と貨物自動車運送業の2つに大きく分けられます。さらに，旅客自動車運送業と貨物自動車運送業は，事業に使用する車両の違いや，運ぶ客体との運送契約の違いで事業が分かれます。

道路運送法

（定義）

第二条　この法律で「道路運送事業」とは，旅客自動車運送事業，貨物自動車運送事業及び自動車道事業をいう。

2　この法律で「自動車運送事業」とは，旅客自動車運送事業及び貨物自動車運送事業をいう。

3　この法律で「旅客自動車運送事業」とは，他人の需要に応じ，有償で，自動車を使用して旅客を運送する事業であつて，次条に掲げるものをいう。

4　この法律で「貨物自動車運送事業」とは，貨物自動車運送事業法による貨物自動車運送事業をいう。

5　この法律で「自動車道事業」とは，一般自動車道を専ら自動車の交通の用に供する事業をいう。

6　以下省略

　行政書士の運送業務は，道路運送法に規定されている「自動車運送事業」が対象となります。自動車運送事業は，道路運送法第2条第2項に「旅客自動車運送事業」と「貨物自動車運送事業」であると定義されます。

■ 旅客自動車運送事業

　まず，旅客自動車運送事業を検討します。旅客自動車運送事業は，他人の需

要に応じ，有償で，自動車を使用して旅客を運送する事業であり，4つの種類
に分かれます。

道路運送法

（種類）

第三条　旅客自動車運送事業の種類は，次に掲げるものとする。

一　一般旅客自動車運送事業（特定旅客自動車運送事業以外の旅客自動車運送事
　業）

　イ　一般乗合旅客自動車運送事業（乗合旅客を運送する一般旅客自動車運送事
　　業）

　ロ　一般貸切旅客自動車運送事業（一個の契約により国土交通省令で定める乗
　　車定員以上の自動車を貸し切つて旅客を運送する一般旅客自動車運送事業）

　ハ　一般乗用旅客自動車運送事業（一個の契約によりロの国土交通省令で定め
　　る乗車定員未満の自動車を貸し切つて旅客を運送する一般旅客自動車運送事
　　業）

二　特定旅客自動車運送事業（特定の者の需要に応じ，一定の範囲の旅客を運送
　する旅客自動車運送事業）

　一般貸切旅客自動車運送事業と一般乗用旅客自動車運送事業の違いについて
補足すると，一般貸切旅客自動車運送事業は，乗車定員11名以上の自動車を使
用する事業であり，一般乗用旅客自動車運送事業は，乗車定員10名以下の自動
車を使用する事業のことです。つまり，使用する車両の乗車定員によって，事
業の種類が異なります。

　これら4つの旅客自動車運送事業の種類の中では，観光バスの事業許可であ
る一般貸切旅客自動車運送事業が行政書士への依頼の多い分野です。また，一
般貸切旅客自動車運送事業許可は5年更新制が採られているため，更新許可申
請手続きの需要もあります。

　私見ですが，運送業務の中で難易度が高いのは，一般貸切旅客自動車運送事
業に関する許認可申請です。

　一方で，路線バスの事業許可である一般乗合旅客自動車運送事業は，行政書
士への依頼は極めて少なく，事業者自らが対応している印象を受けます。

　タクシー事業許可である一般乗用旅客自動車運送事業は，法人タクシーは参

入規制があるため新規許可の依頼は現実的に生じにくく，組織再編に伴う譲渡譲受や会社分割，合併に伴う認可申請の依頼があります。タクシー事業許可では，介護タクシー・福祉タクシーと呼ばれている一般乗用旅客自動車運送事業（福祉輸送限定）許可申請や，都市型ハイヤー事業に係る許認可申請は行政書士への依頼がある分野です。

　スクールバスの運行や企業の送迎バスの運行を行うための特定旅客自動車運送事業許可の依頼もあります。

■ 貨物自動車運送事業

貨物自動車運送事業法

（定義）

第二条　この法律において「貨物自動車運送事業」とは，一般貨物自動車運送事業，特定貨物自動車運送事業及び貨物軽自動車運送事業をいう。

　　2　この法律において「一般貨物自動車運送事業」とは，他人の需要に応じ，有償で，自動車（三輪以上の軽自動車及び二輪の自動車を除く。次項及び第七項において同じ。）を使用して貨物を運送する事業であって，特定貨物自動車運送事業以外のものをいう。

　　3　この法律において「特定貨物自動車運送事業」とは，特定の者の需要に応じ，有償で，自動車を使用して貨物を運送する事業をいう。

　　4　この法律において「貨物軽自動車運送事業」とは，他人の需要に応じ，有償で，自動車（三輪以上の軽自動車及び二輪の自動車に限る。）を使用して貨物を運送する事業をいう。

　　5　以下省略

　行政書士の運送業務の中心は，貨物自動車運送事業です。その中の軽貨物車を使って他人の貨物を有償で運ぶ「貨物軽自動車運送事業」は届出制で，ナンバーの色は黒色です。

貨物自動車運送事業法

（貨物軽自動車運送事業）

第三十六条　貨物軽自動車運送事業を経営しようとする者は，国土交通省令で定

貨物軽自動車運送事業は届出制のため，はっきり言って手続きの難易度は低いです。事業者自らが運輸支局の輸送窓口に出向いて，担当官から書類の書き方を教えてもらいながら手続きを行っている光景をよく目にします。また，軽貨物車を販売したディーラー（販売店）がナンバー取得手続きの一環として貨物軽自動車運送事業の届出手続きを代行することもあります。運送業務のコンペティターは，自社で申請手続きを行われる事業者やディーラーの営業担当者であって，同業者である行政書士ではないかもしれません。

一般貨物自動車運送事業

一方で，一般貨物自動車運送事業は許可制です。

一般貨物自動車運送事業とは，軽貨物車以外の自動車を使って，他人の貨物を有償で運ぶ事業で，一般的にはトラック運送業と呼ばれます。トラック運送業で使用する自動車には緑色のナンバーが付いているためイメージがわきやすいかもしれません。行政書士の運送業務の王道は，このトラック運送業と呼ばれる一般貨物自動車運送事業なので，以下，一般貨物自動車運送事業の許可制度について深掘りしていきます。

一般貨物自動車運送事業が許可制である理由は，貨物自動車運送事業法の目的を読むことで理解できます。

　この分野のお客様は，言うまでもなく一般貨物自動車運送事業を既に営まれている事業者，またはこれから一般貨物自動車運送事業へ参入されたい事業者です。一般貨物自動車運送事業へ新規参入されたい事業者は，運送会社の経営者や，創業支援に強い税理士事務所から紹介されることが多いです。

　これから一般貨物自動車運送事業へ参入されたい事業者さんからは「緑ナンバーが欲しい」という相談を頂きます。緑ナンバー＝事業用ナンバーのことですが，事業用ナンバーは自家用ナンバーのように車両と車庫を準備すれば発行されるものではなく，一般貨物自動車運送事業許可を取得していることが前提で発行されるものとなります。

　したがって，緑ナンバーを取得するためには一般貨物自動車運送事業の許可取得を目指すことになりますが，新規参入のハードルは非常に高いです。そして，このハードルは年々上がっています。

運送業許認可の仕事について

■ 許認可の基準は「ヒト・モノ・カネ」

　許認可には，取得するための基準が法令で定められています。この基準は大きく分けると「ヒト・モノ・カネ」の3つの要素です。どの許認可にも共通しますが，許認可の基準は，この3つの要素で整理するとわかりやすくなります。

　行政書士の仕事は申請書類の作成代行が中心と考える人もいて，いわゆる代書屋と呼ばれたりもします。ただ，許認可取得のハードルが高い分野であればあるほど，申請書類の作成代行はサブ的な存在です。業務の中心は，許認可取

得基準の整理・調整を行うコンサルティングや事業開始までのスケジュール管理なのです。

　なお，一般的に「モノ」，つまり施設基準が定められている許認可は，取得難易度が高めです。

■　一般貨物自動車運送事業の許可基準

　一般貨物自動車運送事業許可取得の基準は，貨物自動車運送事業法に規定されています。

貨物自動車運送事業法

（許可の基準）

第六条　国土交通大臣は，第三条の許可の申請が次に掲げる基準に適合していると認めるときでなければ，同条の許可をしてはならない。

　一　その事業の計画が過労運転の防止，事業用自動車の安全性その他輸送の安全を確保するため適切なものであること。

　二　前号に掲げるもののほか，事業用自動車の数，自動車車庫の規模その他の国土交通省令で定める事項に関し，その事業を継続して遂行するために適切な計画を有するものであること。

　三　その事業を自ら適確に，かつ，継続して遂行するに足る経済的基礎及びその他の能力を有するものであること。

　四　特別積合せ貨物運送に係るものにあっては，事業場における必要な積卸施設の保有及び管理，事業用自動車の運転者の乗務の管理，積合せ貨物に係る紛失等の事故の防止その他特別積合せ貨物運送を安全かつ確実に実施するため特に必要となる事項に関し適切な計画を有するものであること。

　このように，貨物自動車運送事業法第6条において規定されている許可の基準は抽象的な記載です。そのため各地方運輸局長は，事案の迅速かつ適切な処理を図るため審査項目の具体的な基準を定め公示しています。

●一般貨物自動車運送事業及び特定貨物自動車運送事業の許可申請の処理方針について

●「一般貨物自動車運送事業及び特定貨物自動車運送事業の許可申請の処理方針につ

いて」の細部取扱について

　この２つの具体的な審査基準「処理方針」と「細部取扱」が各地方運輸局ごとに定められており，私は個人的にこれらを「ルールブック」と呼んでいます。

　一般貨物自動車運送事業の許可を取得するためには，貨物自動車運送事業法及び各地方運輸局長が定め公示した「処理方針」と「細部取扱」に適合しなければなりません。

　基準は大きく分けて次の項目で構成されており，項目ごとに細かな基準が定められています。

---

① 営業所　　　　　　　　　⑧ 資金計画
② 車両数　　　　　　　　　⑨ 法令遵守
③ 事業用自動車　　　　　　⑩ 損害賠償能力
④ 車庫　　　　　　　　　　⑪ 許可に付す条件等
⑤ 休憩・睡眠施設　　　　　⑫ 欠格事由
⑥ 運行管理体制　　　　　　⑬ 特別積合せ貨物運送をする場合
⑦ 点検及び整備管理体制　　⑭ 貨物自動車利用運送をする場合

　本書は運送業務の実務解説をするものではないため各項目の解説は割愛します（「処理方針」と「細部取扱」は，各地方運輸局のホームページ上で公開されているのでご確認ください）。

　一般貨物自動車運送事業の許可は，「処理方針」に記載されている基準を満たしていない場合は許可を取得できません。なお，一般貨物自動車運送事業は個人事業主・法人のどちらでも取得可能ですが，法人での申請が圧倒的に多くなります。

　許認可申請はジクソーパズルに似ていて，項目ごとの細かな基準がパズルのピースであり，全てのピースがバシッとはまったときに許可を取得できるイメージを持つとしっくりきます。

■　一般貨物自動車運送事業の「ヒト・モノ・カネ」

　一般貨物自動車運送事業の許可基準のうち，「ヒト」は許可申請者・運行管

理者・整備管理者・運転者です。許可申請者が法令で規定されている資格基準を満たしていない場合は，欠格事由に該当してしまうため，許可は取得できません。申請者が個人事業主の場合は本人が，法人の場合は役員が確認の対象です。運行管理者・整備管理者・運転者に選任できる「ヒト」の基準も定められています。

　「モノ」は営業所，休憩・睡眠施設，車庫，そして運送事業に使用する車両が中心です。これらの「モノ」については，許可申請事業者が使用権限を有する状態で運輸局へ申請書類を提出し，審査を受けることになります。

　使用権限を有する状態とは，購入であれば所有権がある状態，借受であれば賃貸借契約やリース契約が締結されている状態です。「モノ」の基準は処理方針及び細部取扱で基準が細かく規定されているため，「どこでもよい」「何でもよい」というわけにはいきません。

　従って，許可申請の準備段階においては，営業所，休憩・睡眠施設，車庫であれば立地，規模，設備などが許可の基準を満たしているかを行政書士が確認する工程が必要です。図面や不動産登記簿といった書類上の確認に加えて，行政書士が現地に足を運んで現場確認や測量を行うことや，建築行政等の窓口に出向いて照会をかけるなどして一般貨物自動車運送事業の営業所，休憩・睡眠施設，車庫として基準を満たしているかどうかの判断をするための情報を集約することになります。

　行政書士が使用可否の判断を誤ることは，許可申請事業者が，時間的にもそして経済的にも大きな損失を被ることになるため，絶対に許されません。

　「カネ」の基準は，事業の開始に要する資金（所要資金）の適切性と，所要資金の金額以上の自己資金が確保できているかどうかが審査の対象となります。所要資金に計上すべき項目とその金額は「処理方針」に記載されます。

①車両費　②建物費　③土地費　④保険料　⑤各種税　⑥運転資金

　例えば，車両費であれば一括購入の場合は取得価格を，分割払いの場合は頭金及び1年分の割賦金を，リースの場合は1年分のリース料を所要資金として計上します。トラック運送会社の場合，1営業所ごとに5台以上の車両を配置する必要があるため，車両5台以上を許可申請の際に調達するとなるとそれな

りの金額になることは容易に想像ができます。

　①〜⑥の各費用を合計した所要資金額以上の自己資金の確保が許可の基準となり，確保した自己資金は申請日以降許可処分日まで常時確保することが要求されています。自己資金は，預貯金が基本となるため残高証明書等を提出する方法で疎明し，その提出時期は，許可申請時と審査中の運輸局から指示があった時期の2回に分けて提出します。

■ 自己資金の目安

　許可取得を目指されるお客様にこの自己資金のご案内をすると，必ず「どのくらいの金額が必要なのか？」という質問があります。この質問への回答は，「所要資金はお客様の事業計画によって異なるため，自己資金額は積算してみないとわからない」となります。

　一般貨物自動車運送事業に使用する建物・土地・車両を既に所有しているのであれば，所要資金上の取得価格は0円です。したがって，保険料，各種税額，人件費や燃料費などの運転資金を積算することで所要資金額を計算することができます。

　一方で，営業所，休憩・睡眠施設，車庫として使用する土地と建物が賃貸物件の場合や，車両の所有権を持っておらず割賦契約又はリース契約で使用している場合は，土地費，建物費，車両費はそれぞれの支払額の1年分を所要資金額として積算しなければなりません。

　シグマが頻繁に許可申請を行うエリア（東京・神奈川・千葉・埼玉）内に営業所を設置して，建物，車庫，車両をこれから準備する場合は，概ね3,000万円前後の自己資金額が必要になると私は伝えています。

　3,000万円の自己資金額は，許可申請日から許可処分日までの間に確保したまま，つまり寝かせることが許可の基準となっているため，財務状況によほど余裕がある事業者でないと許可取得は難しいでしょう。

　なお，自己資金額には金融機関などからの借入金を含むことができますが，事業を既に営まれており取引金融機関よりプロパー融資を受けられる場合でないと，許可申請時の自己資金に借入金を充てることは難しくなります。

　なぜならば，事業者は許可取得のために必要な資金の融資を求めていますが，

金融機関では許可を取得していない事業者には融資をしないと考えているため，新設法人が創業融資制度（日本政策金融公庫や自治体の制度融資）を利用して一般貨物自動車運送事業の許可申請時の自己資金額を確保することは難しいからです。

許可申請業務と資金調達業務

　一般貨物自動車運送事業の許可申請業務と資金調達業務は相性が良いですが，許可を取得するために融資を受けたいのにもかかわらず，融資は許可がないと受けられないという悩ましい問題に直面します。「鶏が先か，卵が先か」の問題です。

　実際にシグマで受任した一般貨物自動車運送事業の許可申請案件の中には，金融機関からの融資で自己資金額を確保しようと見込んでいたのに，金融機関の審査が通らず進行が中断し，頓挫する案件もあります。

申請書の提出〜審査開始

　許可基準のコンサルティングの結果，行政書士が許可基準が整ったことを確認したら，いよいよ許可申請書類を運輸局へ提出します。

　申請先は営業所を管轄する運輸支局輸送部門です。申請は申請書類に委任状を添付して行政書士が代理人として行います。なお，申請窓口である運輸支局輸送担当窓口では申請書類が揃っているかの形式的な確認しか行われません。許可申請の審査は，営業所を管轄する地方運輸局にて行われます。

　仮に東京都内に一般貨物自動車運送事業の営業所を設置する場合は，申請書の提出は品川区鮫洲にある東京運輸支局に行い，東京運輸支局から横浜市馬車道にある関東運輸局貨物課へ申請書類が転送され，貨物課にて実質審査が行われます。

　申請書が受理されたら，許可申請者に対して法令試験が実施されます。

法令試験とセミナー

法令試験

　この法令試験は申請者が個人事業主の場合は本人が，法人の場合は運送事業の担当役員が受験します。法令試験は奇数月に実施されるため，シグマでは，許可申請書類が偶数月の末日開庁日までに受理されるようにスケジュール管理を行います。法令試験は許可申請書が受理となった申請者に対して行われるため，許可申請書提出前に受験することは認められません。

　試験時間は50分，出題数は30問。合格基準は出題数の8割以上です。設問方式は○×方式及び語群選択方式です。試験時間中は参考資料の持ち込みは認められませんが，出題される法令が記載されている条文集が試験当日配布されるので，それを参照しながら解答することができます。

　条文集を見ながら解答できるとはいえ，試験勉強を行わないと不合格になる可能性が高い試験が法令試験です。1回目の受験で不合格の場合は，もう1回だけ受験することができます。2回とも不合格の場合は処理方針に記載されている「⑨法令遵守」の基準（40頁）を満たしていないと判断され，許可申請は却下処分となります。実務上は，2回目の法令試験で不合格の場合は，許可申請を一旦取り下げます。そして再申請することで再度法令試験に挑戦していただくことになります。再申請ができる回数に規制はないため，法令試験に合格するまで，取下げ→再申請のループを続ける許可申請者も存在します。

　繰り返しますが，法令試験は，試験勉強を行わないと不合格となる試験です。我々行政書士は，お客様に許可を取得していただかないとミッションクリアにはならないため，法令試験には何が何でも合格していただく必要があります。さらに，1回目の法令試験で不合格になってしまうと，審査期間が2ヵ月も延長されてしまうため，一発合格を目指したいところです。そこで，シグマでは法令試験対策のセミナーを運営しています。

■ シグマの役員法令試験対策セミナー

シグマが運営している役員法令試験対策セミナーは，事前に開催日時を定めて受講者を募る集合研修方式と，マンツーマン指導を行う家庭教師方式の2種類を用意し，お客様に選んでもらいます。

集合研修方式は毎月開催し，受講をしやすくしています。一方，家庭教師方式は，開催日時と場所はお客様のご意向を伺って調整します。さらに，お客様の問題の解き方の癖をカウンセリングしてセミナー内容を組み立てます。

役員法令試験を受験される方は，大変な重圧を感じているのが通常です。従業員からの重圧，取引先からの重圧，家族からの重圧など，不安でいっぱいだったのが，3時間のセミナー受講後は表情が明るくなるのを感じています。

行政書士のミッションはお客様の不安や悩みを解消することです。このミッションのために，私自身が実際に過去問を解いて出題傾向を研究し，役員法令試験対策セミナーの内容に反映させています。

役員法令試験対策セミナーを継続的に開催するのは手間がかかります。とはいえ，法令試験対策まで手が回らない行政書士が多いため，運送業を専門とするシグマが継続的に開催する社会的意義は大きいと考えています。

一般貨物自動車運送事業の許可申請を，シグマではなく知り合いや顧問税理士から紹介された行政書士に依頼しているお客様にもこの対策セミナーを受講していただいています。

許可申請者がインターネットで検索して，当法人の対策セミナーに申し込まれるケースが多いです。事業開始後の手続きをシグマにご依頼いただくこともあるため，役員法令試験対策セミナーには営業的な側面もあると言えます。

地方運輸局の審査・決裁

■ 合格後の流れ

　許可申請者が役員法令試験に合格すると，地方運輸局での審査が本格的に始まります。一般貨物自動車運送事業の許可申請に係る審査を，国土交通省ではなく営業所を管轄する地方運輸局が対応する理由は，貨物自動車運送事業法によって，国土交通大臣が地方運輸局長に権限を委任しているためです。

■ 標準処理期間

　一般貨物自動車運送事業許可申請の標準処理期間は3～5ヵ月です。

　許認可申請手続きを専門にしていると，標準処理期間と呼ばれる，「申請してから審査完了まで通常であればどのくらい日数を要するのか」が業務上重要な情報となります。これは，お客様から「許認可取得までどのくらいかかるのか？」という質問に答えるためでもあり，「いつまでに許認可を取得したい」という要望に応えられるかどうかの判断をするためでもあります。標準処理期間は，行政手続法に基づいて行政庁が定めます。

> **行政手続法**
> （標準処理期間）
> 第六条　行政庁は，申請がその事務所に到達してから当該申請に対する処分をするまでに通常要すべき標準的な期間（法令により当該行政庁と異なる機関が当該申請の提出先とされている場合は，併せて，当該申請が当該提出先とされている機関の事務所に到達してから当該行政庁の事務所に到達するまでに通常要すべき標準的な期間）を定めるよう努めるとともに，これを定めたときは，これらの当該申請の提出先とされている機関の事務所における備付けその他の適当な方法により公にしておかなければならない。

　関東運輸局管内の一般貨物自動車運送事業許可申請の標準処理期間は，前述の通り3～5ヵ月であると関東運輸局長が公示しています。この公示も関東運輸局のホームページ上から確認することができます。

標準処理期間は適法な申請を処理すべき標準的な期間であると解釈されていることから，標準処理期間の算定には以下の期間は含まれないとされます。

① 申請者が不備のため当該申請の補正をするために要する期間
② 申請の処理の途中で，申請者が申請内容を変更するために必要な期間
③ １回目の法令試験を実施した結果，合格基準に達しない場合に，１回目の法令試験受験日から再度の法令試験を受験するまでの期間 等

私はお客様から許可取得までの期間を尋ねられたら「許可申請書が受理されてから許可取得までは，順調に審査が進行して５ヵ月」であると回答します。お客様の中にはインターネットで調べて標準処理期間の最短が３ヵ月であることをご存知の方もおり，中には最短期間の３ヵ月で許可が取得できると考えられている方もいます。また，この３ヵ月の期間は申請準備に着手してから３ヵ月であるとも思われている事業者もいます。標準処理期間の始期は，申請書が受理となってからなので注意が必要です。

最近はホームページ上に許可申請手続きの情報が溢れており，お客様は自分の都合がいいように情報を編集されがちです。お客様と行政書士が保有している情報に差異が生じたまま案件が進行すると，クレームに繋がります。

特にいつまでに許可が取得できるかはお客様にとって極めて重要な関心事であるため，お客様と行政書士の情報のズレは，業務依頼前に整理しておくべきでしょう。

■ 許可処分後の手続き

運輸局での審査・決裁が完了すると許可処分となりますが，許可を取得したからといってすぐに事業用ナンバーは交付されません。許可取得後は運輸開始のための届出や報告手続きを進めます。運行管理者・整備管理者の選任届出，運輸開始前の確認報告手続きが完了して，ようやく車両に事業用ナンバーを取り付ける手続きを進められるのです。

■ 事業用自動車等連絡書

　事業用ナンバーを取得するためには，事業用自動車等連絡書と呼ばれる書類が必要です。連絡書の上部には，次のような記載があります。

　この書類は，道路運送法，貨物利用運送事業法又は貨物自動車運送事業法による自動車運送事業，第二種利用運送事業の許可・事業計画変更の認可を受け，若しくは届出をしたもの，又は事業用自動車の代替であると確認したことを証するものである。

　つまり，事業用自動車等連絡書は，車両使用者となる一般貨物自動車運送事業者が輸送担当での許認可手続きが完了していることを証明する書類であり，登録窓口において事業用ナンバーの交付を受けるために，登録書類とともに提出が求められる書類です。

■ 事業用ナンバー取得手続き

　許可取得後の車両登録手続きは，ナンバーの色が白色から緑色に変わるため，通常であれば，営業所を管轄する運輸支局・検査登録事務所へ車両を持ち込みます。

　これは，一般貨物自動車運送事業で使用する自動車の後部ナンバープレートの左上に封印が取り付けられるからです。封印は，ナンバーの取り外しや盗難防止といった役割もありますが，その自動車が正式に登録・検査を受けた上，ナンバーが交付されたときに車台番号・自動車検査証・ナンバープレートを確認した上でその同一性を確保されたことを証明するものでもあります。

　とはいえ，一般貨物自動車運送事業で使用する自動車のナンバー交換を行う際，対象となる車両が複数となるため，運輸支局・検査登録事務所へ車両を持ち込むことは手間と時間がかかります。そこで，ナンバープレートの交換をトラック運送会社の車庫で行う出張封印という方法でのナンバー交換が便利です。

　出張封印は，新規許可取得時は車両5台を持ち込む手間を減らすのに重宝されており，事業開始後にナンバー交換を行う場面では，車両を運行しない休日などにナンバー交換が可能となるため，車両の稼働率向上に寄与する有益な制

度と言えます（出張封印制度は78頁〜を参照）。

事業開始後に行政書士が関与する場面

◾ 事業開始後の運送業務

　車両への事業用ナンバーの取り付けが完了し運賃料金の設定と運輸開始の届出手続きが完了したら，行政庁での許可取得手続き自体は完了です。ただし，事業開始後でも行政書士が関与できる場面は豊富です。

◾ 法令遵守体制構築支援

　自動車運送事業は社会生活に密接に関係するため，「交通安全」「事故災害防止」の観点から法令遵守（コンプライアンス）の確保が求められます。

　一般貨物自動車運送事業では，巡回指導や監査と呼ばれる法令遵守状況を確認する制度が設けられています。

　巡回指導は，国土交通大臣から指定を受けた地方貨物自動車運送適正化事業実施機関が実施するもので，一般貨物自動車運送事業の許可取得事業者へは運輸開始から通常1〜3ヵ月以内に巡回指導が実施されます。

　巡回指導の結果が悪い事業者に対しては運輸支局が実施する監査が実施され，違反事項に応じた行政処分が科されることになります。巡回指導は，通常は2年に1回程度，監査は，法令で規定されている監査対象事業者に該当する場合に実施されます。

　これが巡回指導と監査の概要ですが，巡回指導や監査が実施されても不利益処分を受けないように，行政書士がトラック運送事業者の法令遵守体制構築を支援することも可能です。

　法令遵守体制構築支援業務では，貨物自動車運送事業法令に関する相談や，帳票類を確認することで遵守状況のアドバイザリーを行います。また，交通事故防止コンサルタントと連携して事故防止活動を行います。

　貨物自動車運送事業安全性評価事業（通称：Gマーク制度）や運転者職場環境良好度認証（通称：働きやすい職場認証）制度のような，運送事業者の法令

遵守体制や雇用環境について公的機関が格付けを行う制度があります。このような格付け取得を目標に，トラック運送事業者と顧問契約を締結して，アドバイザリーサービスを提供することもあります。

運送業界は研修会・セミナーの開催が活況です。運送業務に精通すると，運送会社の社内研修会講師や，運送会社向けに製品・サービスを提供している事業者が主催するセミナー講師として招聘されることもあります。

■ 年次報告書の作成・提出代行

一般貨物自動車運送事業では事業報告書と事業実績報告書の2つの報告書を毎年提出する義務があります。これらの報告書が未提出の場合は，巡回指導や監査の際に法令違反事項として指摘されます。さらに，営業所の新設や車庫の増設など事業規模を拡大する手続きを行う場合は，この2つの報告書が提出されていない場合は，事業規模の拡大が認められません。

運送業務の営業的側面からは，これらの報告書の作成・提出代行業務をきっかけに，各種変更手続きや法令遵守体制構築支援の相談・依頼に繋がることもあります。提出時期は運輸局からの案内はないため，行政書士がトラック運送会社に対して提出時期の案内を連絡すると年次報告書の作成・提出代行業務を受任しやすいと言えます。

■ 変更認可申請・変更届出手続き

許可申請時に運輸局へ提出した情報に変更が生じた場合は，何かしらの変更手続きが必要です。変更内容によって，認可・事前届出・事後届出と手続きの方法・時期が異なります。そして変更内容によって難易度も異なります。

例えば，営業所の配置している車両の増車・減車や役員変更手続きの難易度はそこまで高くありません。一方で，営業所の位置，自動車車庫の位置および面積，休憩・睡眠施設の位置および面積の変更は認可事項であるため，「処理方針」に記載された基準を満たす必要があります。したがって，認可申請は，許可申請と同様に認可基準の調整・確認を行うコンサルティングが重要となります。

なお，一般貨物自動車運送事業許可には有効期間の定めはないため，許可更新手続きは不要です。

事業承継・組織再編・M&A

トラック運送会社の事業承継・組織再編・M&A では，そもそも許可を承継させることができるのか，承継可能な場合はどのような方法で承継するのが最善なのかといったスキームの検討から認可申請手続きを担うことになります。運送業界の後継者不足・人手不足は深刻で，事業承継・組織再編が関係する認可申請の相談は増えることが予想されますが，運送業務の中では高難易度の業務です。

なぜならば，スキームの検討・実行は行政書士単独で進めることは稀で，弁護士，税理士，公認会計士，社会保険労務士，司法書士といった専門家が連携して進めることになるからです。したがって，運送業務に精通していることに加えて，他の専門家と円滑に連携するための調整力・コミュニケーション力が求められると言えます。

事業廃止・事業休止

許認可事業は，事業開始時は許認可の取得，事業撤退時は許認可の廃止手続きが必要です。

一般貨物自動車運送事業から撤退する時は，事業廃止届出書を，廃止日の30日前までに営業所を管轄する運輸支局へ提出します。事業廃止は取得した許可を返上する手続きですが，許可は返上せずに運送事業を休止する制度も設けられています。一般貨物自動車運送事業を休止する場合は，事業休止届出書を休止日の30日前までに運輸支局へ提出する方法で行います。

運送業界は後継者不足・人手不足が深刻です。特に中小運送会社では，ドライバー・管理者・後継者の3つの人材不足問題を抱えています。事業承継やM&A が成功すればよいのですが，人材不足のため事業を廃止または休止せざるを得ない事業者も増えています。

後継者不足・人材不足の相談に対応できるように，シグマでは，M＆A支援

会社や運送業界専門の求人サイト運営会社と提携し，事業廃止・事業休止を避けられるような支援も行っていますが，事業者が撤退・休止を選択された場合であっても最後まで対応するのが行政書士の役目となります。

■ 運送業務の横展開

　ここまで一般貨物自動車運送事業者向けの行政書士業務を紹介しました。

　ただし，貨物運送業専門を標榜していても，緑ナンバー繋がりで，貸切バス・介護タクシー・都市型ハイヤーなどの旅客運送事業の相談・依頼を受けることもよくあります。さらに，旅客運送事業者からは旅行会社を経営するための許認可である，旅行業登録の相談・依頼を受けることもあります。

　また，貨物運送分野に目を向けると，一般貨物自動車運送事業許可をきっかけに，倉庫業，貨物利用運送事業，レンタカー業，産業廃棄物収集運搬業，建設業，宅建業，回送運行許可，中古車販売業（古物営業），自動車分解整備事業（整備工場）などの許認可に関する相談もあります。取扱業務を絞ると専門分野以外の相談が来なくなる，という声を耳にしますが，実情は違うと言えます。

　シグマでは専門分野外の相談があったら自社で対応するか，自社で対応しない場合はその分野の専門家を紹介する方法で対応するかにしています。

　専門家を紹介する場合は，シグマの業務品質以上で対応できる専門家を紹介するように心がけます。その際，専門外の業務はシグマ内で対応するのか，シグマ外で対応するのか判断はシグマの代表である私の役目であるため，同業者とのご縁は大切にしています。

■ 業務知識の習得

　これから開業される方や開業から数年の行政書士から「実務力と営業力のどちらが大切ですか？」という質問を受けることがあります。

　私の回答は「どちらも大切」です。

　私の経営している行政書士法人シグマでは，実務力の高さ，業務品質をお客様より評価されています。行政書士事務所の商品は，実務能力・知識・経験で

あるため，これらの商品がない状況で営業しても，運よく受任できたとしてもお客様からの期待に応えられません。

ラーメン屋を開業するのにラーメンの作り方が全くわからない状況ではお客様を満足させることはできないのと同じです。

とはいえ，どんなに業務知識を習得しても，それを活用して売り上げを立てなければ事業とはいえません。単なる趣味の領域になってしまいます。

実務力と営業力は別次元のテーマではなく，実務力が上がればお客様へ提案できる内容も自然と変化します。開業当初は実務力の向上に重心を置きながら，自事務所のことを知ってもらう営業活動をするのがよいでしょう。

業務知識の習得は，国土交通省・運輸局・運輸支局が公表している申請の手引き・処理方針・細部取扱などの公示，通達を読み込みながら，市販の実務書籍を活用するのが理解しやすいと考えます。

行政書士登録者であれば，単位会・支部が主催している研修会に参加するのもよいでしょう。最近は，さまざまな民間団体や行政書士自らが実務講座を開催しており，費用はかかるもそれらに参加することで業務知識を習得することもできます。

ただし，民間団体や行政書士が開催している実務講座は玉石混淆なので，受講を検討する際は主催者がどのような想いで実務講座を開講しているかを確認するのは必須です。

■ 業務知識を習得する際の注意点

業務知識を習得する際の注意点は3つあります。

1つ目は，許認可申請のノウハウ習得も大切ですが，運送業界のことも学ぶ必要があるということです。私は，運送業界を学ぶために業界新聞を定期購読しており，国土交通省やニュースサイトのメールマガジンの登録をしています。また，運送業界向けのセミナーや展示会に参加することや，運送業界向けに製品・サービスを提供している事業者と情報交換の場を設けています。

2つ目は，同業者から業務知識を提供してもらう時は，敬意を払うことを忘れてはいけないということです。

行政書士の中には，知識・経験にただ乗りしようとする不届き者がいます。

お客様は，行政書士の知識・経験に対して報酬を支払っているのに，同業者だからという理由で，何でも無料で教えて貰えるという心構えははっきり言って甘い考えです。くれぐれも「情報クレクレ君」だけにはならないようにして欲しいところです。

　3つ目は，普段から条文を確認する習慣を大切にすることです。許認可制度は，法令の定めに従って行政庁によって運用されます。源流となる法令を読まないで許認可申請業務に携わることは，国家資格者としてあり得ない姿勢です。

　私も判断に悩んだ時や，行政庁へ相談・調整をするときは法令の条文を必ず確認します。手引きだけ読んで申請書式を穴埋めする行政書士は本物の専門家ではないと言えます。

デジタル営業とアナログ営業

■ シグマが得意とするデジタル営業

　運送業務の集客方法は，大きく分けてデジタル営業とアナログ営業の2つに分類できます。デジタル営業の中心は，Web・SNS・YouTube を使用したプル型の営業方法となります。アナログ営業は，紹介・訪問・テレアポ・ダイレクトメールなどのプッシュ型の営業方法です。シグマが得意としているのはWeb を活用したデジタル営業です。

　シグマは2015年8月に設立した行政書士法人ですが，法人設立当初よりWeb を活用した集客を一貫して行っています。Web 集客にこだわる理由は，顧客となる運送業界，顧客をご紹介いただく他士業界，そして行政書士業界に対するシグマの専門性を訴求しやすいからです。

　Web 集客のメリットは，一般的には時間や場所に関係なく，サーバーが落ちない限り24時間365日営業活動を行えることだと言われていますが，これに留まらない2つの大きなメリットがあります。

■ Web 集客のメリット

　1つ目は，集客に Web を活用することで，問合せを頂きたいお客様の層を

調整できるという点です。一般的に行政書士の顧客は個人事業主や中小企業と言われていますが，シグマでは，上場企業・有名企業の許認可法務申請手続きを得意とします。これらのお客様の大部分はシグマのWeb経由でご相談いただいた案件です。行政庁に申請書類を持参すると「あの○○さん【企業名】ですか？」と担当官が驚かれることも多いです。

2つ目は，Webからのお問い合わせは受任率が高いという点です。

Webからの問合せはイマイチだという声もよく耳にしますが，シグマでは，Web上でお客様の不安や悩みの解消につながる情報発信を行い，さらに自社で申請するための情報収集目的の問合せを減らす仕組みをいくつも講じているため，それらが実際に機能しています。

もちろん，紹介での業務依頼もありますが，その場合も相談者にシグマのWebをご覧いただいて，問合せ前にシグマとの相性が合うかどうかの確認をお願いするようにしています。

また，ダイレクトメールを送付する場合であっても，ダイレクトメールにQRコードを印刷し，興味を持たれた方がシグマのWebにアクセスしやすいような仕組みにしています。

■ 問い合わせの品質を調整する

私のWeb集客のイメージは，混雑時間帯に羽田空港に着陸する飛行機の管制。

管制官は，東西南北，さまざまな方面から到着する飛行機を整列させて滑走路へ誘導します。シグマでは，さまざまなルートからの問合せをWeb経由にすることで，問合せの品質を一定水準以上になるように調整しています。

お客様の困りごと，不安や悩みを解消できる行政書士サービスを開発し，それをWeb上で発信することで，「しっかりしたお客様」に情報が届くのです。

そのためには，「ホームページを育てていく」という思考と行動が大切で，継続的な記事の追加と追加した記事の手直しは欠かせません。デジタル営業はアナログ営業と比較すると華やかに見えるかもしれませんが，非常に地味で，非常に地道な集客方法と言えます。

おわりに

■ 運送業務を選んだ理由

最後に，私が運送業務を専門分野に選んだ理由とこの業務のやりがいについて触れます。

私は子供のころから自動車に異常な興味をもってそのまま大人になりました。大学3年生の就職活動の際は，自動車業界が志望の一つでした。

大学4年生のときは，当時の愛車を苫小牧行きの旅客フェリーに載せて，1ヵ月かけて北海道を時計回りに周遊して帰ってきました。30代では当時の愛車とともに自動車専門誌の取材を受けたこともあります。

また，私は大学卒業後，旅行会社のJTBに総合職として就職し，日本各地の観光バス会社さんに大変お世話になりました。

自動車好きと観光バス会社さんへの親近感が重なって，自動車を使用する事業である運送業務を選んだわけです。

さらに，私は行政書士として独立する前に，2つの行政書士法人での勤務を経験しましたが，独立に際して，ブランディング戦略の一環で専門分野を絞りたかったため，苦手な業務を消していったところ，運送業務が残ったというのもあります。

自身の興味がある分野を選んだことにより，充実した日々を過ごすことができていると感じています。Web集客を成功させるためには「ホームページを育てていく」ことが重要ですが，そのための地味で地道な記事の追加と手直しが今日まで継続できているのは，興味のある分野を専門分野に選んだからと言えるでしょう。

■ やりがい

運送業務のやりがいは，行政書士業務の中でも高難易度な分野であるため，事業者の役に立てる場面が多いことにあります。

行政書士が関与した結果，お客様の悩み・不安を解消できると，想像する以上に喜んでいただけ，お客様の事業のお役に立てていることを実感できるのが

励みとなります。

　さらに，運送業務は，建設業や宅建業といった許認可申請業務の王道業務の中でも対応できる行政書士が少ないため，報酬額の値崩れが生じていない点も事務所経営をする上で助かっています。

　街中や高速道路上で，お客様のトラックや観光バスと遭遇する機会があります。トラック・観光バスの車体には，道路運送法・道路運送法施行規則で社名やロゴを表示する義務があるため，路上で目につくのです。実はこの瞬間がこの業務のやりがいを実感するときかも…と思います。

> ### Message
>
> 　お客様の社名が入った車両を，運転手さんが凛とした姿でハンドルを握られて今日も安全に運行されている姿をみると，許認可申請業務を通じて，日本の物流や移動を支えていることを実感できます。
> 　そして，今日も無事故で帰庫して欲しいと願いながらお客様の車両を見守っています。
> 　ご安全に!!

FILE 4

入管業務

若松 直（わかまつ なお）

PROFILE

　行政書士法人第一綜合事務所代表社員。一般社団法人第一綜合コンサルティング代表理事。一般財団法人日本アジア振興財団アドバイザー。グローバル HR 事業協同組合専務理事。一般社団法人 Transcend-Learning 理事。一般社団法人日本ものづくり支援機構監事。公益財団法人大阪観光局就労委員会委員。

　2010年，約４年の修業期間を経て大阪の北浜で行政書士第一綜合事務所を開業。2012年外国人材の総合支援を目指し一般社団法人経営パートナーズ（現：一般社団法人第一綜合コンサルティング）の代表理事に就任。2013年国際業務の専門家集団を目指し行政書士法人第一綜合事務所を設立。

入管業務を専門とする国際行政書士

日本に在留する外国人の数

　2020年10月に出入国在留管理庁が公表した資料によれば，令和2年6月末の在留外国人数は，288万5,904人とされています。新型コロナウイルスの影響によって，前年末に比べ4万7,233人（1.6％）減少したものの，それでも広島県，京都府，宮城県などの都道府県人口よりも在留外国人数のほうが多いというから驚きです。このように急速に進む日本の国際社会の中にあって，活躍の場を広げているのが国際行政書士です。

国際行政書士の業務内容

　外国人が適法に日本へ滞在するためには，何らかの在留資格を有している必要があります。在留資格は端的に言うと，「定められた活動や身分・地位を有することによって日本に滞在できる資格」のことです。

　現在，日本の入管法には29種類の在留資格が法定されており，それらを細分化すると実に200種類以上の在留資格があります。

　在留資格を取得するための申請や書類作成を行うのが，国際行政書士の主な業務です。例えば，企業で外国人材を雇用する時，国際結婚をした外国人配偶者が日本で居住する時，外国人が日本で永住を希望する時など，様々な場面で国際行政書士のニーズがあるのです。

　また近頃は，在留資格の申請や書類作成のみならず，外国人雇用の専門家として企業へのコンサルティングを業とする国際行政書士も出現し始めています。私が代表を務める行政書士法人第一綜合事務所でも，多数の外国人材を雇用している企業をはじめ，大学や専門学校などの教育機関など，複数の顧問に就いており，国際行政書士が活躍できるフィールドの広さを実感しています。

　分野横断的な知識が必要となっている入管法の専門家として，今後も国際行政書士の活躍の場は増えることはあっても，減ることはないと考えています。

■ 行政書士登録だけでは国際行政書士にはなれない！？

　入管も行政機関の一つですので，行政書士が入管へ提出する申請書類を作成することは問題ありません。しかし，どの行政書士でも入管への提出権限があるわけではありません。入管に書類を提出することができるのは，申請取次行政書士に限られています。

　では，行政書士登録した後，どうすれば申請取次行政書士になれるのでしょうか。

　申請取次行政書士になるためには，行政書士が所属する都道府県ごとの単位行政書士会を経由して，地方出入国在留管理局長に届け出ることによって登録する必要があります。届出と聞くと行政書士なら誰でも登録できるように思われますが，日本行政書士会連合会が主催する出入国在留管理に関する研修を受け，さらに効果測定と呼ばれる試験を受けて合格した行政書士のみが登録ができる制度になっています。

　クライアント目線で見れば，申請取次行政書士ではない行政書士に依頼した場合には，申請書類は作成してもらえるものの，入管への申請は自分で行わなければならないということになってしまいますので，国際業務を専門にされる場合には，申請取次行政書士であることは必須要件と理解したほうがよいでしょう。

国際業務が人気な理由

■ これからも成長が見込める分野

　日本はこれまで経験したことがない超高齢社会，労働人口減少社会に突入しており，労働力の不足が原因で生じる人手不足倒産の増加は，社会問題と言っても過言ではありません。企業も AI やロボット技術などの向上を背景に，省人化への取組みは進めていますが，いまだ労働力不足を解決するまでには至っていません。これらの事実を裏付けるかのように，コロナ禍においても外国人労働者数は増加の一途を辿っており，外国人労働者なしでは成り立たない日本の労働力不足の深刻さを窺い知ることができます。

このような労働人口減少は，少なくとも2040年頃までは続くと言われており，今後も日本に滞在する外国人の数は増加することが予想されます。そのため，外国人に関する手続きを行う国際業務の分野は，更に拡大すると考えられることから，数ある行政書士業務の中でも成長マーケットの一つということができるのです。

■ 業務にやりがいがある

国際業務を専門にしている理由を同業者に聞いてみると，業務のやりがいをその理由に挙げる行政書士は少なくありません。弊社の職員に「国際業務のやりがい」を聞いてみたところ，以下のような回答がありました。

● お客様の国籍変更や配偶者との生活など人生の一部に携わることができるため，責任は大きいが，それ以上の達成感が得られる。
● 申請人の人生を左右するような案件が多い（お客様の喜びの声を聞くことができる）。
● お客様からお礼のお言葉を頂くと，この仕事をやっていてよかったと思える。
● 立証方法には幅があり，申請内容によって結果が左右されるため，うまくいったときに達成感がある。
● 申請人の人生の分岐点となる申請に立ち会うことでき，他の分野では味わえない肌が痺れる感覚がある。
● 誰にでもできる仕事ではないので，誇りをもって仕事に臨める。
● 許可，不許可を左右することになるため，責任が大きくその分やりがいも大きい。
● 絶えず勉強が必要であり一朝一夕で身につくものではないが，アウトプットできた時には大きな喜びに変えることができる。
● 人生の大きな決断（留学・転職・結婚・帰化など）の手助けができる。

最も多かったのは，お客様から感謝の声をいただけるというものでした。こんなに感謝される仕事が他にあるのかと思えるほど，お客様からの「ありがとう」を私もいただいてきました。

■ 今までにない経験ができる

　主に私の経験になってしまいますが，近頃では企業へのコンサルの仕事を数多くいただくようになりました。新たに外国人材の雇用を目指す企業への受入体制構築のコンサル，既に外国人材を雇用している企業については，法令違反のチェックをする監査業務などです。誰もが知る大手企業の会議室で，重役を前にプレゼンすることは，相当のプレッシャーもあるのですが，企業が長年抱えてきた問題を専門家として解決できた時などは喜びもひとしおです。

　また，民間企業のみならず，都道府県などの地方自治体からもセミナーや講演会の依頼を受けます。専門家冥利に尽きると言っても過言ではありません。

国際業務で活躍する条件

■ 業務知識のインプットをする

　国際業務の専門家として実務に従事するためには，入管法のみならず，入管法施行規則や入管から公表されているガイドラインなど幅広い知識が求められます。その他にも，憲法，刑法，会社法，法の適用に関する通則法，国際人権規約などは，ぜひとも押さえておきたいところです。また，最近では労働基準法のみならず，労働関係法令への深い理解が求められる場面も増えており，国際行政書士として活躍するために求められる知識は，実に多岐にわたります。

　このような幅広い知識が必要となる国際業務において，外国人や外国人を雇用する企業の人事担当者が網羅的に法令等を理解することは不可能であることから，この"不の解消"が国際行政書士の社会的ニーズと言い換えることができるのです。

　上記の社会的ニーズに応えるためには，実務で必要となる法令等をまずはインプットしなければなりません。私が開業した当初は，入管業務を取り扱っている行政書士はまだまだ少ない状況でした。

　また，今のように入管法関連の書籍も充実していませんでしたので，たった2冊の書籍を読み，繰り返しインプットする他なかったのを覚えています。それでもわからないことは，毎日のように入管へ出向き，審査官に質問をしてい

ました（今思えば，相当迷惑な行政書士だったと思います…）。

しかし時代は変わり，今では入管法関連の書籍も非常に充実しています。また，SNSなどで発信している国際行政書士も珍しくはありません。国際業務に関する情報を入手しようと思えば，簡単にリーチできる時代です。さらに最近では，国際業務の実務講座なども充実していますので，そういった講座を利用することで，インプットの質を上げることだってできるのです。私が開業した時代と比べると，羨ましいくらいインプットのしやすい時代だと思います。

さて，ここまでは国際業務の実務家になるためにインプットが不可欠であることをご説明してきました。ここからは，インプットに対する考え方についてご説明します。

新人行政書士の方と話していると，はじめからインプットの省エネ化にこだわる方が多い印象を受けることがあります。わざわざ分厚い書籍を読まなくても，実務ができればそれでよい，必要な時に必要な知識をインターネットで調べることができればそれでよい，というような考えを耳にすることがあります。確かにインプットは辛い作業ですから，気持ちはわかります。しかし，体系的な理解があってこそ国際業務の専門家を名乗れると私は思っています。

ある分野のエキスパートになるには，1万時間の努力が必要と言われることがあります。国際行政書士のエキスパートを目指す場合も，例外ではありません。私自身も入管法の学習を開始した当初は，点でしか理解できず苦しい時間を経験しました。しかし，継続することでいずれその点と点が繋がること，そして，絶対的な量をインプットすることがインプットの質も向上させることを学びました。業務知識のインプットは国際行政書士が成功するための登竜門です。国際行政書士として成功するために，皆さんもぜひ学びを進めてください。

開業するか所属するかを決める

　国際行政書士として活躍するためには，行政書士試験に合格した上で，行政書士会に登録する必要があります。また，実務的には申請取次行政書士の届出を行うことが必須要件であることは先述のとおりです。

　ところで，行政書士の属性は，以下の3つがあるのはご存じでしょうか。

属性	定義
個人開業行政書士	個人開業をして業務を行う行政書士のこと
社員行政書士	行政書士法人の役員を務める行政書士のこと
使用人行政書士	個人開業行政書士又は行政書士法人の使用人として業務に従事する行政書士のこと

　私が開業した2010年は，行政書士を雇用している事務所は，ほとんど無かったため，選択肢は開業しかありませんでした。今でも「行政書士は雇用がない」などと言われることがありますが，近頃は行政書士を雇用する行政書士法人なども多くなりました。

　法人に所属することで，個人では実現できない経験を積むこともできます。

　理想の行政書士像から，独立するべきか，行政書士法人などでパートナーを目指すべきかを検討してみてください。

勝てる営業戦略を立てる

　個人開業の行政書士のみならず，所属行政書士にとっても，営業戦略は重要です。所属行政書士が営業戦略の立案に加わることは極めて重要と私は考えています。なぜなら受け身の姿勢の行政書士が活躍している例を耳にしたことがないからです。

　では，行政書士の「営業戦略」とはどのようなものでしょうか。

　まずは，数ある行政書士業務の中で，どの分野の専門家となるか選択することから始めます。私の場合には，国際業務を選択しました。その理由は，先に記載したとおり，国際業務が成長分野だと判断したからです。成長分野で勝負

することは勝てる確率を高めることに繋がりますので，この判断は極めて重要です。また，国際業務の市場規模，単価，想定される依頼頻度を考慮し，十分な売上が立つと判断しました。

　次に，ターゲットの選定です。一口に国際業務といっても，顧客セグメントは大きく異なります。切り口は様々あるのですが，例えば，外国人を雇用する企業をターゲットにするのか，在留資格を申請したい外国人個人を幅広くターゲットにするのか，はたまた永住の在留資格を申請したい外国人にターゲットを絞るのか等によって，営業方法は異なります。最近では，タイ人専門の行政書士やインドネシア人専門の行政書士などの活躍も耳にしますし，他にも富裕層を意識した広告を打っている行政書士なども見かけます。重要なのは，国際業務を十把ひとからげに捉えるのではなく，どの顧客をターゲットにするのかを決めることです。

　ターゲットの選定ができれば，次はプロモーション方法を検討するフェーズに移ります。もっとも，ターゲットの選定が上手くできていると，プロモーション方法を確立することはさほど難しいことではありません。ターゲット顧客を想像し，どのようにすれば自社の商品を知ってもらえるか，シンプルに手段を考えれば良いということになります。プロモーションが難しく感じるのは，ほとんどのケースで顧客ターゲットを選定できていないことに起因します。プロモーション方法を検討する前に，ターゲットの選定をすることを忘れずに行ってください。
　ここまでの段階に来たなら，あとは上記で立てた営業戦略を PDCA サイクルで回すことです。1 回も失敗せずに成功することはありません。PDCA サイクルを回し，常にアップデートして最適化を図るイメージを持っていただくことが肝要です。

■　1分で伝える言葉の名刺を持つ

　私自身も開業当初から外国人に関する手続きの専門家として，「言葉の名刺」を配り続けてきました。そして，それは今でも継続しています。

「言葉の名刺」とは，初対面の方に自身の業務について端的に「1分で伝える」ということです。効果は，2つあると私は考えています。

　1つ目は，自分の専門分野について考えを研ぎ澄ますことができるということです。ポイントは，「1分で伝える」という点です。初めてお会いした人が私の話を10分も20分も聞いてはくれません。むしろ，長々と話すことで印象が悪くなる可能性すらあります。そのため，自身の業務範囲や得意分野について，端的に，かつ相手に記憶してもらえるような伝え方もあれこれ模索することになります。

　2つ目は，鮮明に記憶してもらえるということです。

　日本の国際化は進んでいるとはいうものの，国際行政書士が行っている業務について理解されている一般の方はほとんどいらっしゃいません。もっと言うと，行政書士と司法書士の違いすら正確にはわからない方が大半なのではないでしょうか。こういった現状の中で，外国人に関する手続きの専門家であることを多くの方に記憶してもらえることができれば，それだけで他の行政書士より秀でた存在になれると私は思っています。

　私は開業当初から，言葉の名刺の中で「外国人に関する手続きの専門家であること」にスポットを当てて伝えるようにしてきました。最初に寄せられてきた相談は，外国人が交通事故をしたとか，不動産を借りたいとか，脱退一時金の手続きについて聞きたいなど，ほとんどが行政書士の業務範疇外の相談でした。ただ，私はそれでよかったのです。なぜなら，自らが外国人に関する相談プラットフォームとなることで，仕事を紹介し合う流れを作ることを目指していたからです。具体的に言うと，交通事故の事例では知り合いの弁護士を紹介することで，今度は弁護士から仕事の紹介を受けるようになりました。こうやって人間関係が形成され，私が専門とする国際業務の案件紹介を受けるようになってきたのです。すべては「言葉の名刺」が持つパワーだと考えています。

新人行政書士に聞かれる4つのこと

■ 国際業務に語学力は必要？

　資格予備校の実務セミナー等で必ずある質問が「国際業務に語学力は必要？」というものです。

　既に語学力があるのであれば，それは国際業務をする上できっと強みになると思いますし，活かさない手はありません。

　他方，語学力がない場合であっても，慌てて勉強する必要はありません。なぜなら，語学力がない場合でも国際業務ができないわけではないからです。例えば，就労系の在留資格の申請については，企業の人事担当者は日本人であることがほとんどです。また，配偶者系の在留資格の場合も，一方配偶者は日本人だったりします。永住の在留資格の場合には，日本での滞在歴が長い外国人が申請対象になりますので，日本語でのコミュニケーションはほとんど問題になりません。かくゆう私も，これまで日本語（大阪弁）のみで国際業務を行ってきました。語学を学ぶ時間があるのであれば，入管の実務を学んだほうが遥かに実益はあると考えています。

　ここで大切なのは「国際業務の専門家×○○」ということ。国際業務の専門家と何かを掛け合わせることができれば，それだけで市場での希少価値は一気に高くなります。決して語学力だけが強みになる分野ではない，というのが私の考えです。

■ 総合型か特化型のいずれを選択すべき？

　ここで考えるべき内容は，2つかと思います。1つは，「どういう行政書士になりたいか」というゴールからの発想。もう1つは，主に活動する地域から国際業務の市場規模を判断することです。

　まずは，ゴールから考えるということについてご説明します。何を目指しているかによって，取るべき手段は変わります。例えば，行政書士分野であれば何を聞かれても答えられることがゴールと考えるのであれば，総合型を目指す

べきですし，国際業務はあの行政書士と言われることがゴールなのであれば，特化型を目指すべきでしょう。避けるべきは，相談が来たからと何となく案件処理をすることです。なぜなら，「何となく受任」は専門知識もないため業務過誤にも繋がりやすいですし，何より不安を抱えたまま業務を遂行することは精神衛生上もよくありません。目指すべき方向もなく案件処理することは，設計図なしに建物を建てることと同義です。何を目指すのか，ご自身の設計図を作ってみてください。

　次に，主に活動する地域から国際業務の市場規模を判断することについてご説明します。活動する地域が都市圏であれば，国際業務に特化してもマーケットサイズが十分にあるでしょう。しかし，活動する地域が地方都市の場合には，売上が立たず経営を逼迫させてしまうリスクがあります。Web や SNS などを利用しながらオープンマーケットへ参入するなど，戦略が必要です。

　総合型か特化型かというテーマは，いずれが正解ということはありません。確実に不正解と言えるのは，戦略がないことです。入管のホームページには，都道府県別の在留外国人の数や在留資格別の統計が公表されていますので，国際業務で開業を目指されている方は戦略立てをしてみてください。

● AI に国際行政書士の業務は代替される？

　オックスフォード大学と野村総合研究所の研究結果が，2017年 9 月25日の日本経済新聞の朝刊に掲載されました。それは，行政書士の業務の93.1％ が AIに代替される可能性があるという記事でした。ただ，そもそも10年後に変化しない職業はないと思っていますし，10年後の世の中を想像すらできません。

　現代は，VUCA の時代です。VUCA とは，Volatility（変動性），Uncertainty（不確実性），Complexity（複雑性），Ambiguity（曖昧性）の頭文字をとった造語ですが，絶えず変化し，そして変化の速度も速い時代であることを示唆しています。そのため，私は変化しないことを前提にするのではなく，変化するのを当然として国際行政書士の業務を捉えています。本質は，時代の変化を見逃すことなく，生じた変化に即応することです。時代が変化した分だけ，我々も変化すればよいのです。

加えて言うと，国際業務の社会的ニーズは，決して書類作成だけに留まりません。企業が外国人を雇用する場合，在留資格の取得はあくまで手段です。外国人を雇用する目的は，もっと他のところにあるはずです。

　書類作成だけに目線がある場合には，AI技術の台頭は危機以外の何物でもないと思います。しかし，国際行政書士に対する社会的ニーズは，決して書類作成だけではありません。AI技術を上手に駆使し，空いた時間で外国人を総合支援できるような仕組みを作ることが求められています。

◉　新型コロナウイルスの影響は？

　現在，新型コロナウイルスの影響によって，国際行政書士にも様々な影響があるのは事実です。私もたくさんの行政書士から相談を受けました。「もう国際業務には未来がないのではないか」というのが相談内容の大半でしたが，私はそうは思いません。実際，コロナ禍の真っ只中にあっても，弊社は2020年9月1日から2021年8月31日までの決算期売上において，昨対比114.4%の成長を遂げることができています。この成長は，コロナ禍にあっても，国際行政書士のニーズがあるという証左です。言い換えると，それほどまでに日本の労働人口不足は深刻ということができるでしょう。

　人口構成の変化は，日本の未来にどのような影響を与えるか未知の部分はありますが，確実なことは日本企業が何も対策をしなければ詰むということです。人手不足倒産を避けるためには，女性を活用するのも一つですし，高齢者を活用して雇用継続できる仕組みを作ることもよいでしょう。また，障害者の雇用に取り組むことだってできるはずです。さらに，AI技術やロボット技術などを活かすこともできます。そして，外国人材を活用するのも一つです。私は人手不足解消のための方法は，決して外国人材の登用だけが方法ではないと考えていますが，その一つに携われる国際行政書士はとても魅力的な職業だと思っています。

おわりに

在留外国人の増加と審査の問題点

　在留外国人の急激な増加によって，入管の書類審査は限界を迎えつつあると感じています。入管庁は，警備官合わせても6,000名程度の職員数です。決して十分な職員数がいる組織ではありません。こういった状況で形式的な書面審査だけに傾倒することは，事務の肥大化を招き，適正審査の観点からも好ましくはないと思っています。また，複雑多様化する外国人との共生社会において，書面だけでは読み取れない問題が出てきているように感じます。入管実務をしていると，残念ながら一部企業は「在留資格を取得できれば問題なし」と認識していると感じることがあります。また，「人手不足なのだからルールを破ることも止む無し」というような見解を耳にすることもあります。しかし，実際に摘発されるのは氷山の一角。だからと言って，正直者がバカを見る審査で良いはずがありません。もっと実態を見る審査，具体的には税務調査のような審査になればと強く望んでいるところです。

日本社会にも外国人にとっても幸せなソリューションを

　また，労働人口の減少を理由として，書類の簡素化，審査の簡素化への要望があるようですが，国民的な議論もなく，なし崩し的に外国人を受け入れることにも危機感を抱いています。なぜなら，なし崩し的な外国人の受け入れは，受け入れる日本人も，受け入れられる外国人も，双方に準備がないことを意味すると考えているからです。今必要なのは，「人手不足なので外国人」と安易に，場当たり的に考えることではなく，後世に責任ある社会を残すためにも，真に日本社会に必要であり，外国人にとっても幸せを感じられるような社会づくりが求められていると私は考えています。

　国際行政書士に課せられたミッションは，決して簡単なものではありません。とても責任のある重大なミッションです。その反面,国際行政書士は誇りをもって，一生を捧げられる仕事と言うこともできます。なぜなら，日本の未来を創る仕事だからです。

　私は，これからも夢と希望と責任を感じながら，国際行政書士として生きていきます。そして，いつの日か，本書をご覧の方と日本の未来を語り合う日が来れば，これに勝る喜びはありません。

FILE 5

自動車

佐藤 友哉 （さとう ともや）

PROFILE

　1985年愛知県名古屋市出身。南山大学法学部卒業。2008年大学在籍中に行政書士資格取得，同年4月行政書士アーバン法務事務所設立。2017年9月事務所を法人化し，行政書士法人アーバン設立。2019年7月愛知運輸支局近くに名古屋登録事務所設置，2022年1月有明エリアに東京事務所を設置し，三拠点にて運営。

　年間取扱台数は約3万台ほど。

自動車登録業務について

■ 取り扱っている事務所が多い業務

　行政書士業務の中で，自動車登録業務は古くから業務として認知されており，王道業務の一つとされています。

　この業務が王道業務といわれる所以は，業務数が他行政書士業務より圧倒的に多いため，取り扱っている事務所が多いからだと思われます。

　自動車登録業務といっても，さまざまな種類があります。特殊車両通行許可や，運送業も王道といえますが，ここでは，自動車登録業務についてお伝えしたいと思います（なお，運送業については32頁〜に記載がありますので，ご参照ください）。

■ 登録業務の分類と業界のこと

　自動車登録業務は，自動車検査証（以下「車検証」という）の名義に関すること，車の構造に関すること，車検手続きに関することの3つに分類されます。

　車検証の名義に関する手続きを行うと，業務を受託しているうちに自然と構造や，車検手続きについても業務で携わることになります。

　自動車登録業務を取り扱うにあたって，業界のことを知っておく必要があります。

　自動車製造は日本の基幹産業であり，非常にすそ野が広く，トヨタ自動車をはじめ，主要メーカーが鎬を削っています。メーカーごとに独自の販売網を持っており，販売会社（以下「ディーラー」という）が消費者に自動車を届ける責務を負っています。

　ディーラーもさまざまあり，メーカー100％出資のところもあれば，オーナー会社のところも数多く存在します。その多くが，新車ディーラーであれば日本自動車販売協会連合会（以下「自販連」という）に，中古車ディーラーであれば日本中古自動車販売協会連合会に加盟しています。

　こちらの団体は行政書士にとっては「ライバル」といえる存在となります。自販連に至っては行政書士法の適用除外団体のため，適法に行政書士業務を行

うことができます。具体的には新車新規登録以外の業務が行政書士業務となります。

　主な取引相手としては，ディーラー（新車・中古車）・カーリース事業者・レンタカー事業者，整備事業者，自動車手続きを扱っている行政書士となります。

　新車の登録については，一部を除き，ほとんどが自販連にて手続きを行っている実態があります。しかしながら，我々行政書士は，登録手続きだけではなく，添付書類の収集，その他業務をメインに経営をしている事務所も少なくありません。

　ディーラーの中には，外部委託を前提に業務を行っているところも多く，車庫証明申請をはじめ，手続き全般を行政書士へ委託しているところもあります。

　ディーラーは販売台数が大きく経営を左右し，また，販売台数によって，メーカーからインセンティブもあります。そこで，販売台数を増やすため日々さまざまな努力をしています。販売台数の集計はディーラー，メーカーごとに異なりますが，おおよそ月ごと，四半期ごとに集計をしています。この集計の仕方が，我々自動車業務を行っている行政書士業務に大きく影響を与えています。集計の基礎となるのが販売台数ではなく「登録台数」となるため，その期間内に登録することが必須条件となります。

　そのため，月末に登録できるかできないかで業績に関わるため，業務が月末に集中しがちです。また，決算月や，年度末になると販売台数が増加し，それに伴い我々行政書士の業務量も自然と増えることになります。私の経営している行政書士法人では，平常月の業務量に対し，決算月，年度末は1.5倍から2倍になるほどです。

▇ 行政書士が行う具体的な業務

　行政書士が自動車登録業務として行う業務は大きく分けると下記の業務が挙げられます。

① 車庫証明申請
② 各種証明書取得（住民票・印鑑証明書等）

③　登録業務

④　出張封印（丁種封印）

順を追って手続きの概略を説明します。

■　車庫証明申請（①）

　自動車登録手続きおいて，さまざまな添付書類が必要となりますが，車庫証明書も自動車登録の添付書類の一つとなります。

　車庫証明とは，正式には保管場所証明といわれる証明のことです。

　車の手続きというとこの証明のことを思い浮かべることが多いかと思います。

　根拠法は，「自動車の保管場所の確保等に関する法律」となります。

> **自動車の保管場所の確保等に関する法律**
> （保管場所の確保）
> 第三条　自動車の保有者は，道路上の場所以外の場所において，当該自動車の保管場所（自動車の使用の本拠の位置との間の距離その他の事項について政令で定める要件を備えるものに限る。第十一条第一項を除き，以下同じ。）を確保しなければならない。

　このような規定に則り，証明書を取得することになります。

　行政書士業務の中でも難易度はそれほど高くないといえるでしょう。

　しかしながら，法人と個人で添付書類が異なったり，さまざまな理由で代替文書の提出が必要となったりするため，パターンも多く，奥が深い業務です。

　また，この業務は自動車登録手続きにおいて，重要度が高く，記載ミスがあると不許可になってしまう可能性があるので，手続きを行うときは細心の注意を払わなければなりません。

　許可要件，添付書類は表を参照ください。

許可要件	添付書類
駐車場，車庫，空き地等が自動車の使用の本拠の位置（住所や事業所）から2キロメートル以内にあること。	自動車保管場所証明申請書及び保管場所標章交付申請書（書面申請時）
自動車が道路から支障なく出入りすることができ，車両全体を収容できる大きさであること。	保管場所の所在図・配置図
自動車の保管場所として使用できる権原を有すること。 （※私道を保管場所として使用することはできません。）	保管場所使用権原疎明書面（自認書）または保管場所使用承諾証明書

　この業務については書面申請とOSS申請（後述）両方の手続きにおいて必要となります（一部手続きを除く）。

　実際の駐車場図面（配置図）作成イメージは次のようなものです。

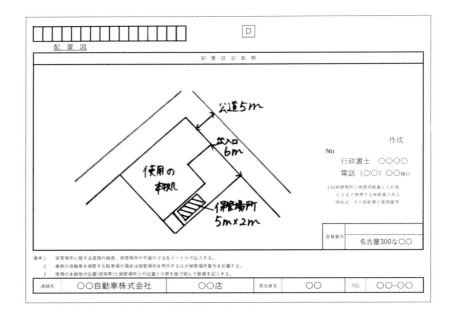

　ディーラー等から，このような「現地調査＋配置図作成」の依頼がある場合もあります。

各種証明書取得（②）

　自動車登録手続きおいて，さまざまな添付書類が必要となりますが，登録形態に合わせた書類が必要となります。手続きによっては印鑑証明書が必要であったり，住民票（法人の場合は登記簿謄本）が必要になる場合もあります。

　こうした，登録手続きに必要な添付書類の収集のほか，再発行手続きの依頼も多く発生します。例えば，車検証の再発行であったり，ナンバープレートの再発行などが代表例として挙げられますが，まだまだいくつもの種類の証明書発行（再発行）業務があります。

　ディーラーのみではなく，整備工場や，車検手続きを代行している業者とつながりがあれば，こうした依頼もあるかと思います。

登録業務（③）

　自動車業務として，多くの行政書士が取り扱っているのがこの業務になります，登録業務は，手続きによって細分化されますが，登録車，軽自動車ともに下記のような登録形態に分類されます。

新規登録（新車新規・中古車新規）／移転登録／変更登録／一時抹消登録／永久抹消登録／移転一時抹消登録／移転永久抹消登録／変更一時抹消登録／継続検査

　この中でも，新規登録や，移転登録の業務量は非常に多いです。

　新車の販売台数は年々減っているものの，年間約440万台（2021年販売台数）あり，その多くが中古車として市場に出回ります。そのため，手続き全体としては中古車の手続きが多数を占めることになります。

登録業務の注意点

　登録手続きを行うに当たっては，車検証の出来上がりイメージを持つことが必要となり，依頼者がどのような手続きを希望するのか，内容を確認する必要があります。

　具体的には，①名義人（所有者・使用者），②使用する場所，③希望番号，

④用途区分などを主に確認します。その上で，依頼者に必要書類の案内をして手続きを進めていきます。

　④の用途区分は，自家用もしくは事業用の2種類となり，ほとんどの車は自家用（白ナンバー）となりますが，事業用（緑または黒ナンバー）として手続きする場合は，事前に許可を受けた事業者である必要があり，別途事業用自動車等連絡書が必要となるため，注意が必要です。

● 出張封印（丁種封印）（④）

　自動車は使用する場所によって標板地が決まります。

　そのため，管轄を変更する引っ越しや，名義人の変更の際は新たなナンバープレートを取り付けることになります。登録車においては，後面ナンバーに封印という特殊な金具を取り付ける必要あります（道路運送車両法第11条第1項規定）。封印は後面ナンバーを取り外す際に，壊すことが必要となり，再利用することができません。この封印は国土交通省の出先機関（以下「陸運事務所」という）か，同省から許可を受けた団体しか取り付けることができません。

　原則として，この封印は陸運事務所へ車両を運び，封印取付を行う必要がありますが，2017年から行政書士専用の封印委託制度である丁種が認められました。これにより行政書士が陸運事務所から封印を受け取ることができるようになり，自動車の新しい所有者は自動車を陸運事務所に持ち込むことなく行政書士が出張で封印をすることができるようになりました。

　この制度は，これまで多くの制約のあった封印制度とは違い，「営業ツール」になる制度です。具体的な例を挙げるとして，愛知県で販売した車両を東京在住の方が使用するとします。この場合，通常であれば，封印取付の際，使用する場所を管轄する陸運事務所へ車両の持ち込みが必要となりますが，この行政書士専用の封印委託制度を使用することで，東京のナンバープレート・封印を愛知県で取り付けることができます。

　通常，新車販売店や中古車販売店はこのような作業を営業担当が1人で行うことが多く，大変手間のかかる作業でした。また，運転中に事故に遭うリスクもあるため，県外販売を断る事業者もあったほどです。しかし，この制度の認知度がここ数年で飛躍的にあがり，行政書士への業務依頼も急増しています。

この封印業務は自動車業務の中でも高単価が見込めるため，業務として取り扱う行政書士も増えてきていますが，まだまだ絶対数が少ないのが現状で，おすすめの業務です。これから自動車業務を始める上では丁種封印は必須となるといっても過言ではないでしょう。この業務を始めるためには各県の行政書士会で手続きをする必要があるため，詳しくは所属行政書士会へお尋ねください。

■ 作業を行う上で大事なこと

また，封印作業自体はさほど難しい作業ではありません。

この作業を行う上で最も大切なことは，「正しい取り付けを行うこと」です。

車両には，車台番号（写真参照）という，車両固有の番号が記載されています。いわば車の製造番号のようなものとお伝えしたほうがわかりやすいかもしれません。手続き対象となる車に正しく取り付ける際にはこの車台番号で照合を行います。

車台番号は，車台に打刻されていますが，車種により，打刻場所が異なります。

基本的には運転席下や，エンジンルーム内に打刻されていることが多いかと思われます。

販売店から依頼を受けた際，同車種を多く保管していることもあり，外観だけでは見分けがつかないこともあるため，車台番号で照合をした上で，正しい車両に取り付けが必要です。

ナンバープレートを車体に取り付ける際には主にプラスドライバーを使用しますが，ビスの種類によっては特殊金具を用いることもあります。

また，中古車の場合，旧ナンバープレートが取り付けされていることがあるため，新プレートを取り付ける際は外す必要があります。その際は車両により若干の形状の差があるため，プラスドライバーだけではなく，複数の工具（写真参照）を用いて取り外すこともあります。

●封印＋ビス

●ナンバー封印取付後

名古屋32X

↑
封印

●車台番号位置

●ナンバー脱着工具

●車台番号

この業務を選んだきっかけとやりがい

■ 自動車業務を取り扱うために行政書士に

業務を選定するにあたり，多くは，まず資格を取って，自分に合う業務を検討される方がほとんどかと思います。しかし，私の場合は自動車業務を取り扱うために行政書士資格を取得しました。

理由としては，知人がトヨタの販売店に勤めており，手続きのほとんどを行政書士に委託していることを知り，興味を持ったのがきっかけです。その後，調べていくうちに業務量が他の行政書士業務に比べて格段に多いことや，行政書士業務では珍しく継続取引が多いなどのメリットがあったので，資格取得を目指しました。

実際仕事を始めてみて感じたのは，業務知識がさほどなくても始めやすいことと，「正確さ」と「スピード」が求められる仕事であることです。

ディーラーは納車日を顧客と約束しているため，その期日に間に合わせるため，納車準備をしています。その中で，行政書士業務である車庫証明書取得であるとか，各種手続きに必要な書類を集めるのは比較的時間を要する作業でもあるため，何か不備があると，顧客と納車日の再調整が必要となってしまいます。顧客も車の納車を楽しみに待っているので，ミスのない作業が求められます。

自動車登録業務は，手続きとしては十人十色というわけではなく，パターンはいくつかあるものの，基本的には同様の業務をこなしていくイメージになります。その中で業務を行う上で大切にしていることは，価格設定と，日々の対応力（スピード・連絡のマメさ・機転が利くこと・フットワークの軽さ・エリアカバー力など）の向上です。

そうした地道な努力を怠らずにいると，徐々にディーラーとの信頼関係が生まれ，継続的な取引につながっていきます。弊社の場合，開業当初から，そういった基本的な部分を大切にし，徐々に取引先が増えていきました。

現在では同業の行政書士や，取引先から「自動車登録はアーバン」と言っていただけることが増え，やりがいに感じています。

営業について

新規業務の獲得手法と，独自のサービス

　新規業務の獲得のカギは，ホームページの内容の拡充・レスポンス・価格設定にあると思われます。自動車業務に限らず，行政書士の業務のほとんどはスポット業務になることが多く，安定した事務所経営を行う近道は，継続取引の獲得にあります。

　取扱業務に自動車登録業務を加えることでそうした，安定経営を行いやすい傾向にあるといえます。そのためには，事務所のスタンスの確立も必要となるでしょう。依頼者は業務を依頼した場合，依頼先事務所がどのような対応をするか（進捗報告の有無・対応スピード・正確性など）を見ています。もちろん金額も重要とはなりますが，事務所の「対応力」も判断材料となります。そこで，依頼者側のイメージと一致した場合，次回，同様の顧客手続きが発生した場合，依頼されることも多いかと思われます。

　弊社では，過去に継続取引先約100社を対象にアンケートを実施しました。その結果，金額重視：2割，対応力重視8割という結果がでました。概ね対応にも満足いただけておりましたが，中には厳しい意見もありました。しかし，アンケートを実施したことにより，改善すべき点にも気づけ，改めて依頼者側の視点が見えたことが大きな収穫となりました。

　また，弊社では，単なる手続きではなく，車両の手続きに関する相談も多くいただきます。その多くが，以前手続きを行った法人であるとか，車両を多く保有されている事業者になります。

　当然ながら，自動車登録手続きの際に必要となる書類は法律により，規定されています。その規定に従って許可を取得し，書類の収集を行っています。昨今，大企業を中心に法令遵守する動きが加速し，我々行政書士には追い風となっているように感じます。その中で，大手法人は下記の条文を重視しています。

　広域に事業を展開している法人は，各支店ごとに車両を保有しています。そのため，支店の住所が変更になったり，使用する支店が変更になったりすることで，手続きする必要が出てきます。こうした業務一つにとっても罰則があるため，手続きの必要性を認識していただく必要があります。弊社では，「不作為」を助長するのではなく，法令遵守する企業をサポートする責務があると考え，こうした取り組みを通じ積極的に事業者へ働きかけをしています。このような業務を行うことで，横展開が見込め，ご紹介をいただくことも多いです。

今後の自動車登録業務の展望

■ 大変革期

　自動車業界は100年に一度といわれる変革の時期といわれています。全国のトヨタの販売店では2019年から販売会社同士の合併や，全車種取り扱いを開始するなど，販売業界でも変革の波が押し寄せています。

　自動車をより身近に購入できるよう，スマホでも購入できる販売店も増えてきています。そのような時代の流れもあり，自動車手続きにおいてもさらなる効率化，合理化が進められています。日本では自動車保有関係手続のワンストップサービス（以下「OSS」という）が2005年から導入されており，現在では全国のディーラーの多くがこのシステムを使って登録業務を行っています。行政書士の中にはこのOSSを取り入れ，業務を行っている事務所もありますが，まだまだ業界内では普及しているとは言えない現状です。

■ 車検証の電子化

　これからはこの業務を行うに当たっては OSS の導入は「必須」となります。2023年1月から，車検証が電子化されることが決定しています。この電子化は，OSS 普及率向上が目的とされており，手続きは OSS にて行うことになります。そのためこれからの車検証は電子化が進んでいく中で，行政書士における自動車登録は OSS が主流となっていくことが予想されます。また，先に述べた丁種封印制度と OSS 手続きは切っても切れない関係となることでしょう。

　現在の車検証はすべての情報を記載してありますが，電子車検証になることで，IC タグに情報を格納することができるため，必要最小限の情報が記載されることになります。この IC タグを用いて，車検証データの書き換えを行っていくことになります。

Message

　今後数年で，自動車業務を取り扱っている行政書士の業務の在り方が大きく変わることになります。デジタル庁も創設され，ますます行政手続きのデジタル化の流れが加速するため，我々行政書士は時代に適応して業務を行うことが求められます。無くなってしまう業務もあるかと思いますが，一方で新たに創設される業務もあります。電気自動車の普及，自動運転技術の躍進など，自動車にはまだまだ明るい話題も多いため，日本の基幹産業である自動車業界を，手続き面を中心に我々行政書士で支えていきましょう。

●電子車検証イメージ（国土交通省HPより引用）

表面

自　動　車　検　査　証			令和 2年10月 1日		東京運輸支局長		41120000012	
自動車登録番号又は車両番号			初度登録年月	自動車の種別	用途	自家用・事業用の別	型式指定番号	類別区分番号
品川　　３９９　さ　１２３４			令和 2年10月	普通	乗用	自家用	98765	0001
車　　　　名					車 体 の 形 状			
コクドコウツウ				箱型				
車　台　番　号				燃 料 の 種 類		総排気量又は定格出力		
ZZZ99-SAMPLE01				ガソリン		1.59 kW		
型　　　　式		原 動 機 の 型 式		前前軸重	前後軸重	後前軸重	後後軸重	
ZXX-ABC99		ABC-3DE		750 kg	－ kg	－ kg	600 kg	
乗車定員	最大積載量	車両重量	車両総重量		長さ	幅	高さ	
5 人	－ kg	1350 kg	1625 kg		448 cm	173 cm	149 cm	
使 用 者 の 氏 名 又 は 名 称								
国土 交通								
備　　者								
H10騒音99db，その他								

I C タ グ

裏面

記入欄

I C タ グ

（注意事項）
1．自動車を運行するときは、有効な自動車検査証を携行して下さい。
2．継続検査は、「有効期間の満了する日」の1か月前（離島に使用の本拠の位置を有する自動車にあっては、2か月前）から受けられますので、余裕を持って受けるようにして下さい。
3．自動車検査証に記載又は記録されている住所又は氏名等に変更があったときには、手続きが必要です。また、自動車の構造等に変更があったときには、変更の手続きが必要となる場合がありますので、使用の本拠の位置を管轄する運輸監理部、運輸支局又は自動車検査登録事務所にお問い合わせください。

※　交付された自動車検査証が申請された登録事項又は検査事項と相違していないことを確認して下さい。もし相違しているときは、ただちに申し出てください。

※ 電子車検証の大きさは、A6サイズ＋ICタグ分の余白を想定
※ 台紙及びICタグの具体的な仕様については今後検討

FILE 6

企業支援

赤沼 慎太郎（あかぬま しんたろう）

PROFILE

　行政書士赤沼法務事務所代表，行政書士，経営コンサルタント。

　1978年，神奈川県茅ヶ崎市生まれ。専修大学卒業後，大手アパレル会社に就職。

　2004年，行政書士赤沼法務事務所を設立し独立開業。起業・事業再生・事業承継の支援を中核に事業を展開し，資金繰り，資金調達サポート等，起業家，経営者の支援を精力的に行っている。行政書士としては数少ない事業再生・事業承継の専門家。そのコンサルティングはわかりやすく実践的な指導と定評がある。2010年より行政書士，税理士等の専門家向けの財務コンサルティング勉強会『赤沼創経塾』を主宰。実務に基づいた実践的な勉強会として高い支持を得ている。著書に『税理士・会計事務所のための事業再生ガイド』（中央経済社），『専門家のための資金調達の実務』（翔泳社），『はじめての人の飲食店開業塾』，（かんき出版）等多数。

赤沼慎太郎公式サイト　https://akanumashintaro.com/
赤沼創経塾公式サイト　https://soukeijuku.com/

「企業支援」を選んだきっかけ

「企業支援」と一言で言っても幅広い意味を持ちます。ここでは，私の行っている企業支援に絞って書かせていただきます。

私のメイン業務は，起業，事業承継，事業再生に関するコンサルティング業務です。具体的には，中小企業の資金調達，資金繰り改善のサービスによって企業支援を行います。

このような業務を選んだきっかけは，独立して半年ほど経った2005年の春に元銀行員の経営コンサルタントと出会ったことでした。

そのコンサルティング会社が行っていた中小企業の資金調達や資金繰り改善の支援という仕事を知り，その会社のお手伝いをさせていただく機会を得て，コンサルティング実務を学ぶ中でその業務の需要の高さ，企業への貢献度の高さを目の当たりにしたこと，そして財務の面白さを実感し，この分野にのめり込んでいきました。

その後，そのコンサルティング会社で学んだ，財務支援ノウハウと行政書士業務を掛け合わせたサービスとして，2005年の当時はまだ珍しかった「創業融資×会社設立」を前面に営業活動を行い，その業務で関与したお客様に顧問契約を提案して財務コンサルティング業務を行うというスタイルを構築していきました。

私の企業支援には，大きく分けて「①資金調達業務」と「②財務コンサルティング業務」の2つがありますので，それぞれについて業務の概要を説明します。

①資金調達業務 〈創業融資支援業務〉

資金調達業務は，これから創業する方の「創業資金」を調達するためのご支援と，創業後何年も経っている会社の通常の「事業資金」の調達支援があります。

どちらも銀行や日本政策金融公庫などの金融機関から融資を受けるためのアドバイスや事業計画作成のご支援を行うことが中心ですが，創業融資と通常の事業資金の融資では，必要なスキルに違いがあります。

初めて資金調達業務に取り組もうとされる方は，「創業融資の支援」をされ

るのがよいでしょう。創業融資の支援は，これから事業を開始する方のご支援ですので，過去の事業実績から資金調達の可能性を判断したり，財務状況を精査して実態把握をする必要もないため，会計知識や財務分析のノウハウがまだ未熟であっても対応しやすい業務です。

こうしたことから，以下では資金調達業務の内，創業融資支援業務に関してお伝えします。

■ 創業融資支援業務の概要

創業融資支援業務のお客様の多くは，これまで事業を行ったことがなく，初めて創業される方々です。当然，金融機関から事業資金の融資を受けた経験がありませんので，融資申込みのための事業計画を作ったことがない方がほとんどです。

支援においては，お客様の話をじっくり聴き，創業したい事業の内容を十分に把握して数字に落とし込みます。また，数字だけでは伝わらない定性面について，金融機関が理解し，判断しやすいような文章の作成もご支援します。

こうしたことから，創業融資支援においては，お客様の事業内容を数字化する力（会計知識と根拠立てて数字を構築する力）と伝わる文章を作る文章力が求められる業務だと言えます。

創業融資支援業務は，過去に金融機関での経験がある方や会計業務や経営企画の仕事に従事していた方は取り組みやすいと思いますが，そうした経験がない方でも基礎を学ぶことで十分に取り組むことができます。実際，私自身，サラリーマン時代にはそうした経験は全くありませんでしたが，経験のある方に相談しながら実務経験を積むことで対応力を高めることができました。

■ 創業融資支援業務のスケジュール感・売上

創業融資支援業務のスケジュール感については，お客様の状況によっても違うので一概に言えませんが，比較的スムーズに進むケースで言えば，トータルで4週間ほどのスケジュールで次のようなイメージになります。

●スケジュール感のイメージ

7/1 初回面談	7/8 計画書完成 融資申込み	7/15 金融機関との面談	7/下旬 融資実行
1週間後	1週間後	約10日〜2週間後	

　受注後の初回の打ち合わせ時にお客様の状況と創業する事業の詳細をヒアリングし1週間後に計画書の作成日を設定します。私のスタンダードなスケジュールでは，計画書の作成はお客様と一緒に丸1日で作成します。とはいえ，丸一日でゼロから完成させるのは時間的に厳しいことも多いため，初回の面談日から計画書作成の1週間の間に計画書作成のためのベースとなる数字の確認やヒアリングを行い，計画書作成の日には計画書のドラフトが出来上がっていて，計画書作成日当日は，そのドラフトの詳細を確認しながら数字を磨き上げて完成させるというイメージで進めます。

　2〜3時間ずつ2〜3日に分けて作成するというスタイルを取る方もいるかもしれませんが，私にとっては，丸1日で作成するほうが効率的で完成が早いのでそうしています。やり方はそれぞれに合った方法でよいと思います。

　ただし，絶対に押さえてほしいことがあります。計画書は必ずお客様と一緒に作成してください。支援者が1人で資料を作成してお客様に納品するような，許認可手続きのような進め方は資金調達支援ではしません。もし，そのように進めてしまうと，お客様がその計画の内容を理解せずに金融機関と面談することになります。金融機関は融資を受ける本人がその計画を理解していないことをすぐに見抜き，かえってマイナスになるでしょう。必ずお客様と一緒に作成し，お客様にも手と頭を動かしていただき，その計画を十分に把握，理解してもらうようにすることが肝要です。

　創業融資支援によって得られる売上高は，案件にもよりますが，1件10万円〜数十万円になりますので，高額な報酬の業務の一つです。ひと月に受けられる案件数は，その方の取り組み方にもよりますが，会社設立や許認可業務も併せて受注しても3件程度は十分可能ですので，ひと月100万円の売上を達成することは難しくありません。

②財務コンサルティング業務

　行政書士として企業支援を行おうと考えた場合，多くの方が法務面のアドバイスをしていこうと考えるのではないでしょうか。しかし，私も開業当初その取り組みにトライしましたが，行政書士の行う法務コンサルティングは，トラブルを未然に防ぐための取り組みであり，問題が顕在化していないため，そこにお金を掛けようとするお客様は少なく，私の経験上，想像以上に契約を得ることが難しいです（トラブルが顕在化している場合は，弁護士の出番であり行政書士の活躍の場は多くありません）。

　一方で，財務コンサルティングは，「資金繰り」という課題が明確にあることで，その対応力があれば，契約を得ることが比較的容易です。

　資金繰りの課題がないという中小企業は少なく，多くの中小企業は，正しい銀行取引や資金調達方法,資金繰り改善の取り組み方を知りません。ポテンシャルはあるのに財務管理のノウハウ不足により経営に悩んでいる会社が多くいらっしゃいます。

　財務コンサルティング業務では，そうした会社に顧問契約で関与することで財務体質を強化し，本来のポテンシャルを存分に生かせる環境作りを支援します。そうした取り組みにより，関与後数年で売上が2倍，3倍，4倍に伸びる会社も少なくありません。

　財務コンサルティングは，会社の数字に関する仕事であり，それは税理士の業務ではないかと思われる方が多いですが，税理士は，「税務」の専門家であり「財務」の専門家ではありません。税務と財務は，よく似た言葉ですが，やることは全く違います。

　顧問の税理士が財務支援もしてくれればよいですが，多くの税理士は財務支援に取り組むことができていないのが実際です。そのため，中小企業経営者は，財務の相談を誰にすべきか悩んでいます。そこで，資金調達，財務改善，資金繰り改善の実務ができる行政書士が関与することで，税理士がカバーできていない財務面の支援をすることができれば，中小企業経営者には非常に喜ばれます。

　また，一つの企業に税理士と財務支援をする行政書士が関与すると税理士と競合してしまうのではないかと心配される方がいますが，それはありません。

税務と財務はやることが違いますので，それぞれの専門性を生かしてクライアント企業を良い方向へ導くために「協業する関係」になります。顧問先の財務面を支援できないことで顧問先が倒産してしまうことを防いで，共に顧問先が発展する支援ができれば顧問の税理士としてもありがたいことであり，それぞれにメリットがある関係になります。

● 財務コンサルティング業務の顧問契約の内容とスケジュール感・売上

顧問契約の内容は，コンサルタントによってさまざまですが，私の場合は，月に一度の訪問と電話，メール対応により顧問先の事業計画の予実管理と資金繰り管理をベースに必要に応じて資金調達支援をしたり，銀行取引アドバイスをしたり，損益改善の支援をするなど，クライアントの状況に合わせて各施策の実行を支援します。

これまでに，北海道から鹿児島まで日本全国の中小企業に対応しており，遠方の顧問先もいらっしゃるため，月に1度の訪問日は，基本的に丸1日，その顧問先に充てています。朝10時に訪問し，夕方16時，17時頃まで顧問先に滞在し，社長や経理の責任者との面談を中心に行いますが，顧問先によって，さまざまな会議に出席して意見やアドバイスを伝えたり，ファシリテーターをすることもあります。参加する会議は，取締役会議や幹部会議が多いですが，現場の社員との営業会議や店舗展開している会社であれば店長会議，FC展開している会社であればFCオーナー会議など，顧問先の要望に合わせてさまざまな会議に出席します。顧問先に充てた1日でどのようにコンサルタントを使うかは，顧問先の社長の希望に合わせつつ主に財務の強化につながるような動きをします。

●遠方の顧問先訪問日の
1日のスケジュール例

8:00　移動：執筆仕事や読書

9:00

10:00　顧問先到着，社長と雑談＆打ち合わせ

11:00　経理担当の役員と打ち合わせ

12:00　社長と昼食

13:00　幹部会議（役員や部門長が出席）

14:00　資金繰り表等，資料のまとめ

15:00　取引銀行が顧問先に来社：近況報告

16:00　経理担当の役員と打ち合わせ

17:00　社長と打ち合わせ（本日のまとめ・確認）

19:00　社長と食事

21:00　移動：読書

23:00　帰宅

財務コンサルティング業務は，年末や年度末である12月と3月が比較的忙しくなる傾向にありますが，それほど大きな波はありません。顧問先の決算月や資金繰り状況などに影響されますので，顧問先の状況次第と言えます。

　月内で言えば，前月の試算表が出来上がるのが多くの場合15日以降になるため，月の半ばから後半に顧問先に訪問することが多くなり，月の後半が忙しくなります。月の前半は，執筆の仕事や講師の仕事，ビジネスパートナー等との打ち合わせを行い，月の後半に顧問先訪問を行うというのが毎月の流れです。

●月間スケジュールのイメージ

月	火	水	木	金	土	日
	1	2	3	4	5	6
7	月の前半：執筆の仕事や講師の仕事，打ち合わせ など					13
14	15	16	17	18	19	20
21	月の後半：訪問を中心に顧問先対応					27
28	29	30	31			

　許認可などの手続き業務は，お客様の希望に合わせて書類作成，提出をしなければならず，突発的に忙しくなるなど自分の都合でスケジューリングすることが難しい傾向にありますが，財務コンサルティング業務は，比較的自分の都合に合わせたスケジューリングをしやすい傾向にあります。

　売上面においても，財務コンサルティングの顧問料は月額10万円以上が相場であり，生産性（1人当たり売上高）が高く，専業で取り組めば一般的に言われる行政書士の平均売上の何倍もの金額を安定的に獲得することが可能な業務の一つですので，取り組む価値は非常に高いと言えるでしょう。

やりがい

■ 創業融資支援業務（①）のやりがい

　創業融資支援業務のやりがいは，何と言っても，お客様の夢の共有とその実現のための大きな課題である資金繰りを解決し，力強く事業をスタートする支援ができることです。

そして，融資を受けることばかりではなく，融資を受けた後のこと，創業後のことも見据えて支援することを意識すると，創業融資支援の過程で事業計画を共に作ることで明るい未来ばかりではなくリスクも事前に予測することができ，「こんなはずじゃなかった」という創業後すぐに廃業という最悪の事態を未然に防ぐこともできます。

このようなスタンスで支援することで，顧問契約にも繋がりやすくなります。

● 財務コンサルティング業務（②）のやりがい

財務コンサルティング業務は，顧問契約によって顧問先の社長と二人三脚で会社を改善する取り組みを行いますので，いわば，顧問先の社長の右腕のような立ち位置です。

顧問先の生き死に関わる資金繰りの難題を扱う業務ですので，中途半端な知識で関わることは難しい業務ですが，取り組みの成果で顧問先の経営が上向きになり，社長の思い描いていた会社に近づくことができれば，社長から大きな感謝をしていただけます。

特に，経営が悪化している時に関与する事業再生支援の顧問先が事業再生を果たした時には，破産を覚悟していた社長から命の恩人のような感謝をされ，コンサルタント冥利に尽きます。

また，私の場合は，業種を特化せず，あらゆる業種に対応しているため，顧問先の業種についての基礎知識や専門知識，業界の展望などをその都度勉強していきます。顧問で関与することで様々な業種の内面を知ることができ，その知識や経験が他の顧問先や新しく関与する顧問先に活かすことができ，自分の経験値がどんどん増していく事を実感できます。中小企業の支援を行いたいと考えている方は，ぜひチャレンジしていただきたい業務です。

営業手法

● 創業融資支援業務（①）のお客様の獲得

創業融資支援業務のお客様には，法人設立や許認可取得をされる方もいます。

そのため，創業融資の支援と法人設立業務や許認可取得業務をセットで受注することが可能です。私が開業してこのサービスを始めた2005年頃は，創業融資の支援をされている方がほとんどいなかったことと，インターネットを活用している事務所がまだ少なかったので，ホームページで創業融資の支援と法人設立支援をセットに提案することで多くの受注を得ることができました。

　現在は，インターネットの活用も進み，行政書士のみならず税理士も創業融資支援を絡めて営業しているので，ブルーオーシャンだった私の開業当時の状況とは大きく違っていますが，現在においても，創業融資支援をしっかりとできている事務所は少ないので，実務力を付けることで差別化が可能ですし，しっかりと成果を出すことで，お客様や行政書士，税理士，司法書士等の士業仲間から紹介を受けることも多くあります。

　私が主催している勉強会「赤沼創経塾」の会員さんには，初めて創業融資支援業務に取り組む方が多くいらっしゃいます。その会員さん達の営業方法を見てみますと，インターネット上で創業融資に関する情報を発信し，そこからお客様からの問合せを得ています。具体的には，HPやブログ，Facebook，Twitterなどを使った文字での情報提供やYouTube等で動画による情報提供などその方法は様々です。いずれにしても，情報発信を通じて自分自身を知ってもらう取り組みは欠かせません。私自身もそうした活動を行っています。

　また，中小企業白書のアンケート調査を見ると50％以上の創業者が資金について課題を持っていたと回答しています。法人設立や許認可取得業務のお客様はこれから創業される方というケースが多いと思いますが，単純に考えれば，法人設立や許認可取得業務で関与したお客様の2社に1社は資金調達のニーズがあるということです。

　したがって，法人設立や許認可取得業務のお客様に資金調達支援サービスを提案するクロスセルも可能であり，それをうまく行うことが創業融資支援業務の受注を得る上で重要な取り組みとなります。そういった意味で，創業融資支援業務は，行政書士にとって非常に相性のよい業務だと言えます。

　さらに，資金調達支援から顧問契約型の財務コンサルティング業務を受注することも可能であり，事務所の売上の安定化につなげることもできるなど，取り扱うメリットが大きい業務です。

財務コンサルティング業務（②）の顧問先の獲得

　財務コンサルティングの顧問先の獲得の流れは，多くの場合，資金調達支援などのスポットの業務というきっかけがあって，その支援の過程で信頼を獲得して顧問契約の依頼を受けます。特に実績がまだ少ない時には，スポット業務できっかけを得て顧問契約を提案することが効果的です。このスポット業務は，融資の申請や補助金の申請など資金調達に関わる業務のほうが流れを作りやすいと言えますが，他の許認可業務などでもその業務の過程での会話の中でニーズを引き出し，信頼を得られれば，顧問契約を提案することで依頼を受けることは可能でしょう。

　こうしたスポット業務を経ずに，信頼関係が築けていない中でいきなり顧問契約を獲得することは，お客様にとっては顧問料という固定費が毎月かかることと，コンサルティングの効果を想像しにくい点でハードルが高いと言えます。

　私は，今では，相談を受けてそのまま顧問契約になることもありますが，そうしたお客様であっても，ある一定期間，私のメールマガジンを読んでくれていたり，定期的に発信している YouTube 動画を視聴してくれているなど，直接お会いしたことはなくとも，私の発信するコンテンツを受けて信頼をしていただいたお客様であり，何も知らないところからいきなり顧問契約を得るというのはやはり難しいことです。

　こうしたことから，継続して情報発信をすることは非常に効果的です。継続した情報発信は，時間と労力がかかり，効果があるとわかっていても続けられない方が多いです。だからこそ，継続できる人はその恩恵を受けられます。

　私は，2006年9月からメールマガジン（起業家・経営者のための「使える情報」マガジン）の発行をスタートし，発刊16年目になります。YouTube チャンネルは2020年5月にスタートし，始めて2年を過ぎました。特に YouTube は動画の制作をしなければならず，メルマガよりも負担が大きいですが，最近では YouTube をきっかけにご依頼いただくケースも増えており，その効果を実感しています。ぜひ，業務の種類に関係なくトライしていただくと良いと思います。

　わかりやすく正しい情報を発信する行政書士が増えれば，行政書士の認知度と地位の向上に繋がるものと思います。

財務コンサルティングは伸びる分野

　私の取り組む資金調達支援と財務コンサルティングの中で創業融資支援は，現在では多くの方が取り組む業務の一つになっていますが，通常の事業融資や財務コンサルティングに関しては，まだまだプレイヤーが少なく，現在において，私にとってブルーオーシャンの業務です。しかし，今後はこの分野で活躍される専門家がどんどん増えていくものと想像しています。

　特に会社の数字を見る専門家というイメージの強い税理士においてこの分野の注目度は高く，私が主催している「財務コンサルタント養成講座」の受講者でも税理士の受講が多い状況にありますが，私はこの分野は行政書士が活躍しやすいと考えています。

　私の講座を受講された税理士の方々の悩みは，コンサルティングスキルに関わるものよりも，顧客への関わり方に関する悩みです。すでに税務顧問で関与している会社に財務コンサルティングを提案し，顧問料を上乗せすることが難しいという現実的な課題を抱えている税理士が多くいます。

　たしかに，顧問先からすれば，すでに顧問料を支払っているのに，上乗せされるのは不満だという意見もあるでしょう。しかし，これまでの顧問料は税務に関する顧問料であり，プラスアルファで財務支援をするのであれば，新たな仕事が発生し，時間も労力もプラスオンですので，顧問料も当然にプラスオンになるわけです。しかし，その道理を通すのは想像以上にハードルが高いようです。

　その点，行政書士は，これまでのしがらみがありませんので，新規に顧問契約を提案し，その対価を示すだけですので，非常にシンプルです。

　もちろん，企業にとって固定費が増える点においては同じことですが，別のサービスを新たに購入するということで納得を得やすいのでしょう。実際，私は，当たり前に報酬提示をしていましたが，税理士から相談されるまで税理士が抱えるそうした課題には気付きませんでした。

　私が主催する財務支援の勉強会である「赤沼創経塾」や「財務コンサルタント養成講座」，「創業融資支援講座」に参加される行政書士は年々増え，行政書士のこの分野に対する注目度の高さを感じています。

　「財務支援を行う専門家と言えば行政書士だ」という時代が来るのではない

かと期待しています。実際に，昨今では行政書士が創業融資支援や補助金支援の中心的なプレイヤーになってきていますので，そうした財務の一部分のサービスにとどまらず，財務全般に強い行政書士がどんどん増えてくるでしょう。

　財務支援は，景気の波に左右されないのが強みです。
　景気が悪い時には，事業再生のご相談が増えます。2008年のリーマンショックの時もそうでしたし，今回のコロナショックにおいても，事業再生に関わるご相談が増えています。
　一方で景気の回復期や景気がよい時期においては創業融資に関するご相談が増えます。
　例えば，リーマンショックによって経済が縮小してしまった後に政府が取った政策の一つは「起業支援」です。縮小した経済を活性化させるためには，新規の創業を促すことが施策の一つになります。そうした背景もあり起業支援分野は大いに盛り上がりました。今回のコロナショックの後もそうした施策がなされると想像できますので，創業融資支援はこれからホットな業務になると見ています。
　また，財務支援の中には，事業承継に関わる支援もあります。事業承継は，国家的な大きな課題であり，景気がよい時も悪い時も事業承継のご相談はあり，今後しばらくは事業承継の支援はホットな業務になることでしょう。
　このように，財務支援は，どんな状況においても需要があり，正しい知識とノウハウを学び，実務力を付けて，顧客に存在を知ってもらう取り組みをすれば，依頼を受けることは難しいことではありません。しかも受注単価も高めですので，やりがい，売上面の両面から見ても取り組むメリットが大きい業務と言えます。

おわりに～私が企業支援で心がけていること

　これまでお伝えしてきたように，資金調達支援業務や財務コンサルティング業務は，実務力をつけ，営業力を備えれば，事務所経営を安定させやすい業務ですので，ぜひとも取り組んでいただければと思います。
　ここでは，私の仕事のスタンスについてお伝えしたいと思います。いろいろ

な価値観があると思いますが，会社経営の肝である「資金」に関する企業支援を行う上での心がけの一つのご参考としていただければ幸いです。

■ 創業融資業務は案件数が少なくても納得できる報酬で

創業融資業務については，報酬の価格設定を低く抑えて大量受注，大量処理をするというスタンスを取り，規模を拡大している専門業者も存在します。もちろん，取り組み方は自由であり，規模を大きくする手法としては正しいのかもしれません。

しかし，私のスタイルとは真逆です。大量受注，大量処理では，お客様の深いところまでは見ることができず，創業後を意識したアドバイスをする余裕はなくなります。そうすると，前述したような「こんなはずじゃなかった！」という創業者が増えてしまうものと思います。

創業融資は，日本政策金融公庫による創業融資制度や信用保証協会が100%保証する制度融資のどちらかを活用することがほとんどですが，これらはどちらも公的融資であり，つまり，その財源は税金です。「こんなはずじゃなかった！」という創業者が増えれば，貸し倒れになり，つまり，創業融資に回った税金が消えていく事を意味します。

そのようなケースを多く生んでしまうようでは，社会性が高い業務だとは言えなくなります。支援したお客様にしっかり事業を軌道に乗せ，事業を発展させていただく，そのはじめの一歩をご支援させていただくのが創業融資支援ですので，機械的に処理することは本来は向かない業務です。お客様の状況に合わせたハンドメイドのサービスが求められます。

支援者としては，その分，取り組める件数は減り，生産性は下がってしまうのですが，自分が納得できる形で取り組みながら納得できる報酬をいただくことのほうを私は優先しています。

某金融機関の理事長さんが，「人や技術を見てこそ貸す。融資はロマンです」とおっしゃっていた記事があり，非常に共感しました。我々は貸す側ではありませんが，機械的に流れ作業で支援業務をするのではなく，お客様に寄り添って支援することが求められているのではないかと思います。

■ 財務コンサルティングはスポットではできない

これは，財務コンサルティングも根底は同じです。お客様の状況に応じて，ハンドメイドで取り組んでいます。私の事務所が顧問契約中心であることで，安定収入をうらやむ方も少なくありません。たしかに，顧問契約により，安定収入を得られることは非常にありがたく，私自身，それを意識して戦略を立ててきました。しかし，顧問契約をすることの根本は，安定収入を得ることが主目的ではありません。顧問先の事業が安定的に発展するようにすることが目的です。

スポット業務である資金調達の支援だけではお客様の財務改善は達成できません。これまでに数多くの支援をさせて頂きそれを痛感してきました。財務を改善するには時間がかかり，継続的な関与によってしか改善のお手伝いはできません。また，顧問契約を得られたとしても，お客様の経営が安定しなければ，すぐに解約されてしまいますので，顧客支援を中心に据えることは絶対です。

顧問先の状況に合わせて的確な価値を提供することで成果を出せれば，自分の収入も自ずと安定します。こうしたスタンスで取り組み，そうあり続けるように心がけています。

> **Message**
>
> 財務支援に興味はあるけれど，知識やノウハウの習得のハードルが高いと諦めてしまう方も少なくありません。しかし，私自身も知識，ノウハウゼロからスタートしていますが，熱意と向上心，そして覚悟があれば十分に取り組めます。赤沼創経塾の会員さんを見てもそれを確信できます。ぜひ，取り組んでみてください。

FILE 7

風俗営業

池尻 真理 (いけじり まり)

PROFILE

　行政書士事務所 リーガルブルー代表。大阪生まれ。

　神戸女学院大学卒業後，新卒で警察 OB の行政書士の先生に弟子入りし，行政書士補助者として約11年間の実務経験を積み，独立開業。現在は，大阪で飲食業における風俗営業・医療法人関係を主軸に，許認可専門の行政書士事務所を営む。数多くの現場を見てきたからこそ語れる現場主義の理念をもとに，警察案件に強い事務所として定評がある。社会人18年間行政書士業界一筋で，現在に至る。

　ブルーをトレードマークに，「# 青い行政書士」として活動中。毎日の服装・オフィス・ホームページ・SNS などすべてが徹底的に青いことで話題を集めている。

　リーガルブルー公式 Web　　https://legal-blue.com

風営業務を選んだきっかけ

新卒で就職したのが行政書士事務所でした。所長が警察OBの行政書士で，メインの取扱業務が風営法関連（風営業務の管轄は警察署に）。補助者として約11年間様々な実務を経験して，今がその延長線上にあります。

幼いころから航空会社のCAになるのが夢でした。しかし，航空会社の内定は得られず，「とりあえず就職して中途採用で航空会社にまたチャレンジしようかな」くらいの気持ちでの入所でした。しかし，仕事が面白くすっかりのめりこみました。法学部でもない，製図もできない，ゼロスタートでしたが，長年風営業務に魅力を感じ退屈することなく続けています。

風営業務は遊びが仕事！？

■ 風営法とは

風営業務は，「遊びが仕事」の大人の遊び場をつくるお手伝いです。エンターテインメントビジネスの開業サポートとイメージしていただければと思います。

風営法とは，「風俗営業等の規制及び業務の適正化等に関する法律」の略称です（その他風適法・風俗営業法・風営適正化法などと呼ばれることがありますが，本書では風営法という呼び方で統一）。

世の中には色々な遊び場が存在しますが，憲法上営業の自由が保障されているからといって，娯楽産業全てが営業を許されるわけではありません。遊びの種類によっては，風営法で規制され「許可制」になっているのです。

例えば，ゲームセンターを例に挙げます。ゲーム機賭博の温床や年少者のたまり場として深刻な社会問題となっていたため，「ゲームセンター」が風営法の規制対象に追加された過去の経緯があります。営業を始めるには風俗営業許可が必要になったのです。

また騒音問題などで周辺住民に迷惑がかからないよう営業地域や騒音の規制も定められました。これらの規制等によってゲームセンターの営業者様は法規制の中で事業を行うようになったのです。

■ フーゾク！？

　一般的にイメージされる性的サービスを伴う営業は性風俗という名称で，風営法上言葉の使い分けがされており，規制の枠組みも風俗営業と性風俗営業で明確に区別されています。

　風営法でいう「風俗」とは，東京法令出版逐条解説「風営適正化法」（吉田一哉著）によると，「飲む・打つ・買うという言葉に代表される人間の欲望についての生活関係，すなわち，性・射幸・飲酒等人の本能的部分に起因する歓楽性・享楽性に関わる道徳的秩序」とあります。

　風営法は風俗営業に関係するお店を警察が厳しく取り締まるための法律と想像される方がいらっしゃるかもしれませんが，実際には年少者や周辺住民を保護する目的のために規制や取締規定を定めています。

第一条　この法律は，善良の風俗と清浄な風俗環境を保持し，及び少年の健全な育成に障害を及ぼす行為を防止するため，風俗営業及び性風俗関連特殊営業等について，営業時間，営業区域等を制限し，及び年少者をこれらの営業所に立ち入らせること等を規制するとともに，風俗営業の健全化に資するため，その業務の適正化を促進する等の措置を講ずることを目的とする。

　また規制や取締の対象はお店の経営者である営業者に限定されており，お店の利用者等に対する規制や罰則はありません。しかしながら，風営法の実務運用が警察であることや元々は「風俗営業取締法」を前身とする法律であることから取締りが中心となるイメージが残っているのでしょう。

■ 風俗営業の種類

　専門分野をつくるにはまず業界を知ることが一番近道です。百聞は一見に如かず，繁華街の遊び場に遊びに行ってみて下さい。風俗営業の種類は次の表のようになります。

●主な風俗営業の種類（例）

		定義	具体例
飲食店	風俗営業1号 社交飲食店・料理店	キャバレー，待合，料理店，カフエーその他設備を設けて客の接待をして客に遊興又は飲食させる営業	クラブ・ラウンジ・キャバクラ・ホストクラブ・料亭など
	特定遊興飲食店営業	ナイトクラブその他設備を設けて客に遊興をさせ，かつ，客に飲食させる営業（客に酒類を提供して営むものに限る。）で，午前6時後翌日午前零時前の時間において営むもの以外のもの（風俗営業に該当するものを除く。）	ナイトクラブなど
	深夜酒類提供飲食店営業	バー，酒場等，深夜（午前0時から午前6時）において，設備を設けて客に酒類を提供して営む飲食店営業（営業の常態として，通常主食と認められる食事を提供して営むものを除く。）	バー ※接待行為を伴わない営業
遊技場	風俗営業4号 マージャン店・パチンコ店等	まあじやん屋，ぱちんこ屋その他設備を設けて客に射幸心をそそるおそれのある遊技をさせる営業	マージャン店・パチンコ店など
	風俗営業5号 ゲームセンター等	スロットマシン，テレビゲーム機その他の遊技設備で本来の用途以外の用途として射幸心をそそるおそれのある遊技に用いることができるものを備える店舗その他これに類する区画された施設において当該遊技設備により客に遊技をさせる営業（前号営業に該当する営業を除く。）	ゲームセンター＋アミューズメントカジノ

風営業務の仕事

■ クリエイティブな面白いお客様が多い

　風営業務の代表的な仕事は，①開業時の手続き，②名義変更，③開業後の店内レイアウト変更，④各種変更届などです。

　お客様は娯楽施設の経営者なので，クリエイティブで面白い方が多いように思います。楽しいことへのアンテナ感度が高いのでカジュアルな雰囲気で仕事をする傾向があります。

（トレンドである）ガールズバーやコンセプトカフェを営業する際に従業員がお客様に対して接待を伴う場合は，1号の社交飲食店の営業許可を取得する必要があります。

風俗営業には営業時間の制限があり，深夜において営業してはならないというルールがありますので，社交飲食店として営業をする場合は深夜（午前0時から日の出までの時間帯）は営業できません（都道府県の条例で午前1時まで許容される地域あり）。

ナイトビジネスを営む上でこの営業時間の制限がネックとなり，実際は接待を伴う飲食店営業をするのにもかかわらず，深夜営業をしたいがために，接待行為を行うことのできない種別である「深夜酒類提供飲食店」（いわゆるBar営業）として営業していた店舗が無許可営業で摘発・逮捕されてしまう事件が実際に起きています。行政書士はこのような無許可営業の問題を助長しないためにも，風営業務を始めるにあたって接待の定義をよく理解し，お客様が無許可営業の危険にさらされないようにすることも同時に重要な役割だと考えます。

■ 「接待」の定義の理解が大事

接待を伴う飲食店（風営法では「社交飲食店」という）の風俗営業許可申請は代表的な業務の一つです。接待の有無は，一般的な飲食店営業と風俗営業を区別する上で重要な基準の一つです。風営業務のスタート時点における最大のポイントといえますので，風営法の解釈運用基準で接待の定義をよく理解しましょう。ご相談者様の営業方法をヒアリングして，どの風俗営業の種別に該当するか，そしてどのお手続きをすべきが的確なアドバイスをしなければならないからです（カウンター越しの接客であっても接待に該当することが多々あります）。

例えば，風俗営業1号（社交飲食店）の新規開業のご相談があった場合，関係する役所は警察署，保健所，消防署，市役所の建築指導課（地域によって課の名称が異なる）となります。

保健所	飲食店営業許可の申請（現地検査あり）
警察署	風俗営業許可の申請（現地検査あり）
消防署	風俗営業下見依頼（現地検査あり）
市役所の建築指導課	風俗営業下見依頼（現地検査あり）

※大阪の場合，店舗が1F，2Fだと省略されることがある

※エリアによって名称が異なります

3つの要件の調査

　風俗営業許可には①場所的要件，②人的要件，③構造的要件があります。最初に調査するのが，①の場所的要件で，「現地調査」を行います。営業所が良好な風俗環境を保全するために特にその設置を制限する必要があるものとして，政令で定める基準に従い都道府県条例で定める地域にあるとき，要件を満たします。但し，学校・保育園等・病院・入院施設のある診療所など「保全対象施設」と営業所の距離が一定以上離れていることが必要です。

　保全対象施設がないか調査をするため，地図（ゼンリン地図など）を持って，実際に現地に行って，周辺を歩いて調査をします。夏場は暑いし冬場は寒いですが，色々な現場に行けるのが風営業務の特徴の一つです。

　現地調査で場所的要件をクリアした後に店舗の賃貸借契約をすることをおすすめします。万が一，場所的要件を満たさず風俗営業許可申請ができなくなった場合，契約に関する費用などお客様にとって不利益な問題がでてくるのでスピーディーかつ慎重な事前調査が求められます。※例外として，一部繁華街では，条例の定めにより保全対象施設の距離内にあっても，風俗営業が可能な地域があります（調査不要）。また，許可がおりるまでに保全対象施設ができるとアウトです。情報収集しておきましょう。

　②の人的要件は，未成年者や破産者で復権を得ない者，1年以上の懲役の刑に処され執行猶予終了から5年を経過しない者などは不可となり得ます。

　③構造的要件は，風営業務の事務作業において一番時間を費やします。構造的要件をクリアしているかは，店舗の「図面」を提出し警察署の現地検査によってチェックされます。この図面作成に最も時間と労力を使います。私は，CADの製図ソフトで図面作成をしています。図面の種類は，①照明設備・音響設備・防音設備・消防設備図，②配置図（イスやテーブルの配置やサイズを記載），③求積図（客室面積と営業所面積を計算するための寸法図）の主に3つが必要です（都道府県の所轄によって，必要とされる内容が異なりますので，ローカルルールについて事前に確認してください）。現地実測時には，レーザー距離計やスケール，クリップボード，4色ボールペンなどを使って，営業所内の寸法，イスやテーブル等の飲食や遊興に使用する設備，その他戸棚などの家具類全ての寸法を正確に計測します。

●業務フローのイメージ

お問い合わせ，ヒアリング

お打ち合わせ：基本的な要件確認，
必要書類やお見積りのご案内など
現場実測

書類取り寄せ，書類作成，図面作成

申請

検査

審査

許可

※大阪の場合：申請から許可までの
　期間目安（標準処理期間）は約45
　日とされています。

●風営行政書士の1日スケジュール例1

9:30	消防署へ検査結果通知書を取りに行く
10:00	オフィスにて役所やお客様へ業務連絡など
11:30	士業の先生方とランチ会で情報交換
13:30	警察署へ風俗営業許可申請
14:30	市役所へ用途地域証明書や建築計画概要書の取り寄せ
16:00	北新地のラウンジに図面作成のための測量及びお打ち合わせ
17:30	オフィスに戻ってコーヒー休憩
18:30	図面作成など書類作成

●スケジュール例2

10:00	電話やメールで役所とやり取り，書類作成
11:30	お昼休憩
13:00	警察署検査の現場立会
15:00	店舗でお打ち合わせ
16:30	オフィスに戻り事務作業
19:00	仕事関係者と会食

風営業務は体力勝負！

　風営業務は，場所的要件の確認のため現地の周辺調査，図面作成のための店舗内の実測作業，警察署検査などの立ち合いなど，とにかく動くことが多いので体力が必要です。行政書士業はビシッとスーツを着て仕事をするイメージがありますが，現場に行くことが多いので，多少汚れても後悔しないような動きやすい服装と靴がマストです。同業者の先輩から風営行政書士はどんどん汚い

格好になることがあると聞いたので，お客様に失礼のないような清潔感のあるスタイルを心がけていますが…。

　法規制の中でいかにクライアントが希望する営業のスタイルを最大限実現できるか知恵を出すのが腕の見せ所です。法律を遵守しながら，徹底的に調査や事前チェックをして的確なアドバイスができるとやりがいを感じます。

　さらに，風営業務を非行政書士である業者等が行っているケースはあまり聞いたことがありません。警察署の窓口担当者によっては行政書士票の呈示を求めることもあり，独占業務としての実態が確保されています。管轄の役所がまず警察署になるので，緊張感があることは事実ですが，年がら年中出入りしていると独特の雰囲気にも慣れてきます。以下のような人は風営に向いていると思います。

- 体力に自信がある
- 空間認識能力が高い（図面作成をするセンスを問われます）。
- 警察官と抵抗なくやり取りできる（慣れると思います）。
- 細かい作業が好き，または苦にならない。
- 行ったことのないところに行くのが好き等好奇心旺盛。
- カジュアルなコミュニケーションに対応可能。
- 気が長い。　　● スケジュール管理が得意。

「＃青い行政書士」としてブランディング

　「＃青い行政書士」としていつもブルーの装いで活動しています。名刺から何から何まで徹底的に青いので，覚えてもらいやすいです。良いサービスや商品があっても思い出して頂かなくては何も始まりません。青色が好きなので個人的な遊び心から始まりましたが，効果がありました。

　弊所の場合，ご紹介が多く Web 問い合わせからの受任は比較的少ないのですが，ホームページの開設は必須だと考えています。人脈構築のため人と会って話をすることが多いのですが，後日弊所の専門分野を確認して頂くのに Web が一番便利だからです。

　弊所は風営と医療法人を主軸として活動しているので，取り扱いのない業務

に関しては同業者へ紹介させて頂いています。そうしているうちに同業者から紹介が来るようになりました。また，税理士や司法書士など他士業からの紹介も多いです。実際お会いした方々と LINE，Facebook や Instagram などのSNS を通してコミュニケーションを取ったりして興味を持った方と継続的な繋がりを作っています。

　よく，「風俗営業許可には更新制がなくスポット案件なのに，なぜご依頼が続くのか？」と聞かれます。

　まず，風俗営業は他の業種と比べて，①店舗展開・移転，②レイアウトなど構造変更，③名義変更，④各種変更届などが生じる代謝のよい業界というのがあるでしょう。

　さらに，風営業務をするにあたって性別は特に関係ありませんが，女性で行政書士の中で特化しているのは珍しいは珍しい分野です。女性ならではの視点が評価されています。図面はとにかく細やかな実測に基づき作成し，警察検査の際も修正が少ないと評価頂いています。また役所とのやり取り，クライアントとのやりとりは，メール，LINE，メッセンジャー，Chatwork，Zoom など，ニーズに合わせてマメにしています。インテリア，食器，カトラリーなどに詳しいので価値がわかることもお客様から喜ばれますし，関連法令の改正があればこまめにわかりやすさを心がけて顧客にお知らせしています。

AI に代替されにくい分野

　風営業務は AI やテクノロジーに代替されにくい業務だと考えています。理由は，図面の提出が大きな意味合いを持つからです。レイアウトが同じお店はないので毎回違う図面を作成する必要があり，ローカルルールなどマニュアル通りにはできません。これはロボットには代替できないでしょうし，都道府県のローカルルールを全て組み込むのはかなり難易度が高いことです。

　コロナショックにより，風営法対象の飲食・娯楽サービス産業もかなりの影響を受けましたが，いつの時代も人々の楽しい遊び場を求める本能に変わりはありません。実際コロナ禍での出店も活発に行われていました。

　風営法は今まで時代の変遷に従い幾度も改正がなされており，昭和30年改正では玉突場（ビリヤード場）が風俗営業の例示から除外されることもありまし

た。近年においても客にダンスをさせる営業の一部が風俗営業から除外され，ダンスクラブ・ナイトクラブなど特定遊興飲食店営業について新たな許可制度が設けられました。今後も時代の流れに従って，風俗営業の規制内容に様々な変化があることでしょう。

　流行のファッションのように風俗営業にも流行りが存在し，その度に法改正が行われる将来性がありますので，しっかりエンターテインメントビジネスをされる営業者様をサポートしていけたらと思います。

　最初は時間をかけて一つ一つ経験を積まなければならない業務ですが，コツを掴めば大丈夫です。同業者に風営に特化した事務所が少ないからこそチャンスが沢山あることは事実です。

おわりに～現場主義を理念に

　風営業務は，現場から始まり現場に終わるといっても過言ではありません。とにかく現場に行って現状把握から調査，構造基準の確認などチェックします。ご相談があれば，まず店舗にてお打ち合わせをします。

　繁華街や若者の間でどんな遊びが流行っているか等，時代の流れをチェックするようにしています。老若男女問わず世間話をする中で何か面白い遊びをされてないか，興味をもっていないか等伺って情報収集をしています。純粋にそのようなおしゃべりが楽しいということもありますが，経験談を聞いたり，情報を知る中でビジネスチャンスがあることもあると考えています。もちろんメディアチェックも重要です。

　人々が遊ぶところをつくるとき，そのお店がときに風営法に抵触することがあります。経営者様は非常にクリエイティブでお客様を楽しませることのプロなのでリスペクトしているのですが，許認可に関する知識については風営業務に詳しい行政書士が早い段階で情報提供をして，コンプライアンス違反にならないように守りたいと考えます。

FILE 8

障害福祉

小澤 信朗（おざわ のぶあき）

PROFILE

　行政書士法人放デイラボ代表社員（東京都行政書士会中野支部所属）。
　1977年東京都生まれ。一般社団法人日本介護協会（介護甲子園）顧
問。
　山形大学人文学部を卒業後，2004年行政書士試験合格。5年半の会
社員生活を経て独立。全国各地の放課後等デイサービスや児童発達支援
をはじめとする障害児通所支援や障害福祉サービスの開設や運営のコン
サルティング＆申請業務の手続きをし，延べ220以上の事業所をサポー
ト。セミナー講師としても活動。YouTube 放デイラボには1,000本以
上の動画コンテンツを掲載。チャンネル登録者は約8,200名（2022年
4月現在）。

「運命の言葉」でこの道へ

　学生時代から「サラリーマンはいやだな。自由業がいいな」と極めて漠然と考えていました。弁護士になるために旧司法試験合格を目標にしていたものの，「大学4年生の1年間は，今まで全くやっていなかったけど，やりたかったことをやろう！」と決意。知的障害のある小中学生が通う学童保育でボランティア活動をしました。

　その際，その学童保育を運営するNPO法人の理事長から，「あなたには福祉の現場を理解できるサポートをしてもらいたいの。福祉の現場で働いている方がバーンアウトしないような支えになってもらいたい」と言われたのが運命の言葉でした。素直に「よし，福祉の現場で働いている方の気持ちが理解できて，支えることができる人間になろう！」と思ったのです。

　その後，旧司法試験には合格することができませんでしたが行政書士試験には合格できました。「福祉の現場の方のサポートを行いたい」といったん就職し，業務用ソフトを開発・販売する会社で介護保険や障害者自立支援法（現障害者総合支援法）対応総合システムのサポートをしていました。

　その後，勤務時代に積んだ経験を活かし，より福祉の現場の方のサポートを行いたいという気持ちから独立し，現在の障害福祉サービスの開設や運営のコンサルティング＆申請業務の手続きを行うようになりました。

開設業務の流れ

　ここでは，障害福祉サービスの開設の依頼があった際の流れについて説明します。

■ 1：開設希望場所の詳細なヒアリング

　クライアントによって開設希望場所が違います。東京都中野区など23区内限定で言われることもあれば「首都圏で自分が通える範囲であれば特にこだわりがない。どちらかというと需要が多そうな地域」など，漠然とした方もいます。

　希望エリアが明確なクライアントに対しては，その自治体の障害福祉課に直

接電話して「開設が可能であるかどうか？」を確認します。自治体により「開設が可能」「絶対に不可」「プレゼンによって決定」など対応は異なるので，それによって開設場所を決定していきます。

■ 2：開設時期の提案

　開設地域が絞られてくると，今度は開設時期の提案です。

　障害福祉サービスは自治体によって要件が異なるため，例えば横浜線沿線の場合，淵野辺駅（相模原市）周辺なのか，成瀬駅（町田市）周辺なのか，長津田駅（横浜市）周辺なのかで最短の開設時期が変わります。地域にあわせた（開設希望の地域が前述の例のように複数出てくる場合はそれぞれに）開設時期の提案をしていきます。

■ 3：法人設立や定款の目的追加などの提案

　「脱サラして障害福祉サービスの施設を経営したい」というクライアントもいます。障害福祉サービスは原則法人でなければ経営できないため，司法書士と協力しながら法人設立のお手伝い（弊社で行う業務は定款作成代理業務）をします。

　また，障害福祉サービスの場合，定款の目的には定型の文言が記載されていなければいけません。定款の目的に定型の文言の記載がない場合はクライアントから司法書士の先生にお願いしてもらって，定款の目的の追加をしてもらいます。

■ 4：物件の選定

　法人が設立され，開設地域の目途が立てば，物件の選定に入ります。特に施設の場合は障害福祉サービスで決められた設備基準だけでなく，自治体の独自基準，建築基準法，消防法，都市計画法，バリアフリー法，福祉のまちづくり条例など様々な法律の要件があります。

　どの自治体も最低10個以上の基準があるので，完全にクリアしてから物件の

契約となります。

■ 5：サービス管理責任者や児童発達支援管理責任者といっ
た資格者やそのほかのスタッフの採用

　物件の目途がつけば，同時並行で施設に勤務してもらうスタッフの採用をします。サービス管理責任者や児童発達支援管理責任者，児童指導員や保育士等資格者の採用から人員配置として最低限必要な無資格者の採用まで，採用媒体のコンサルティングや応募要項の提案，さらには給与やシフトに関する提案などをします。

　資格者の場合，「本当にその資格を有しているのか？」というチェックを必ずします。サービス管理責任者や児童発達支援管理責任者，児童指導員のように，前職の実務経験を証明できて初めて資格を有するものの場合，各自治体が発行している実務経験証明書を前職の勤務先から取得する必要があります。

■ 6：必要書類の収集，役所に提出する申請書類作成

　必要な書類の収集，特にクライアントが所持している書類（例：賃貸借契約書，決算書，医療機関協定書の写しなど）を提出してもらったり，申請書類の作成をします。

■ 7：役所に申請書類の提出，管理者面談など

　障害福祉サービスの場合，申請書類の提出は通常クライアントと一緒に行きます。役所の担当者が直接クライアントに「どのように施設を運営していきたいのか？」というヒアリングをしながら書類チェックをするからです。また，申請書類の提出の際，管理者やサービス管理責任者，児童発達支援管理責任者の面談をする自治体もあります。

■ 8：現地調査

申請書類が無事に受領された数日後～数週間後に現地調査をする自治体もあ

ります。特に問題がないことを役所の担当者に確認してもらうのに立ちあいます。

■ 9：指定番号の取得（開設）

現地調査も問題なく，申請書類もすべて補正が完了すれば事業所の指定番号が発行され，いよいよ障害福祉サービスの開設となります。ちなみに，原則，開設日は1日付になるので，申請書類の受領には毎月締切があります。

■ 年間の流れ

開設までの流れは上記の通りです。これ以外にも，制度の理解を深めてもらうための社内研修や国民健康保険団体連合会（国保連）へのレセプトに関するソフトの運用提案や請求事務のコンサルティングなどをしています。

年間を通して明確な繁忙期・閑散期はありませんが，毎年春に開設を希望される方が多いので，忙しいことが多いです。

毎年4月は福祉・介護職員等特定処遇改善加算や福祉・介護職員処遇改善加算の計画書の提出や体制届の提出があります。

7月末は福祉・介護職員等特定処遇改善加算や福祉・介護職員処遇改善加算の実績の提出の締め切りがあります。4月と7月末は開設後のクライアントからの仕事の依頼が多いです。

営業手法

■ インターネットでの集客

インターネット集客に注目したのは2012年5月ごろにリリースした放課後等デイサービス＆児童発達支援の開設の手続きに関わるホームページがきっかけです。SEO対策を特にしなくても月に1，2件問い合わせがきたため，力をいれるようになりました。現在は，月に10件ほど新規のお問い合わせ（開設セミナー受講者含む）が来ます。

ポイントは「インターネット上の導線を作る」ことです。興味関心がある層に向け，定期的に情報発信をするようになりました。無料メールセミナーを開催し，興味関心がある方のメールアドレスを入手しました。メールマガジンは，現在で約440号になります。

初回相談（1回11,000円）の案内とセミナー（Zoomで1万円程度）の案内も掲載しますが，130回以上の開設の実績があります。セミナーや初回相談では，障害福祉サービスの制度の枠組みなどの説明や開設に向けての大まかな流れ等を話すだけでなく，デメリットも伝えるようにしています。デメリットを伝えることにより，「それであれば，開設はやめます」という方や他のFC店舗に加盟される方もいますが，理解していただいたうえで開設された方とはよい関係で仕事ができます。

■ クライアントにあった見積もりを提示

弊社の主力商品は，開設サポート業務と毎月の顧問契約業務です。これから障害福祉サービスの開設を希望される法人には開設サポート業務を提案します。すでに障害福祉サービスを運営されている法人には毎月の顧問契約業務を提案し，見積もりを作成します。先方が承知をされれば無事に受注してお仕事をさせていただくことになります。

■ 数年前から YouTube にも本格参戦

「障害福祉サービスを経営したり，管理したりする立場の人にとって役に立つ情報提供」の手段として YouTube のチャンネル放デイラボを開設しました。ちょっとした情報提供でも日々更新しています。その上で，メルマガでも情報を補充するようにしています。地道にクライアントに向けてコンテンツを提供し続けています。

独自サービス

弊社では開設や運営にかかわる行政に提出しなければいけない書類作成や行

政への質問などの対応の他に下記のような独自のサービスを行っています。

◼ 相談支援業務

　顧問契約同様，毎月定額で障害福祉サービスに関わる運営に関する相談に回答しています。制度に関することはもちろん，採用募集のインターネット広告はどれがよいかといった話まで色々対応します。

　放課後等デイサービスや児童発達支援などは開設時に協力医療機関の協定書の締結が求められることもあります。なかなか締結先が見つからずに困りがちなので，医院をクライアントに案内することなどもしています。

◼ 毎月開催している ZOOM ミニセミナー

　障害福祉サービスは少なくとも 3 年に 1 度は制度改正があります。さらにほぼ毎年細かい制度改正があります（2022年 1 月時点でいうと 2 月から新設される福祉・介護職員処遇改善臨時特例交付金の対応があります）。

　そうした制度改正への説明や対応だけでなく，業界のトレンド等をテーマにした ZOOM ミニセミナー（約10〜15分ほど）を毎月しています。私が講師をすることで，終了後にクライアントと直接話ができます。

◼ サービス管理責任者や児童発達支援管理責任者になるための研修や開設にむけての役所の事前説明会の日程や申し込み締め切りなどのリサーチ情報の提供

　多くの障害福祉サービスはサービス管理責任者，もしくは児童発達支援管理責任者を各施設に最低 1 名以上は配置しなければいけません。

　サービス管理責任者や児童発達支援管理責任者になるためには研修を受講する必要があります。研修は都道府県が主催していたり，民間の団体が主催していたりしますが，申し込み人数が多いのでその状況をリサーチしてお知らせしています。

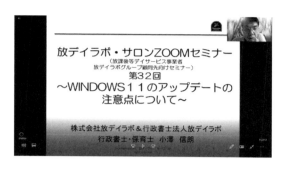

■ Facebook の非公開コミュニティを利用したオンラインサロン

弊社と契約したクライアントのみ参加できる非公開コミュニティ，オンラインサロンも主催しています。弊社スタッフが日報を投稿し，それに対して私がコメントをしています。弊社が人材育成にどのように取り組んでいるのかについて知ってもらいたい，自社の人材育成のヒントになればとの考えからです。クライアントも各スタッフに親密さを感じるようで，訪問した際に，オンラインサロンの記事を通じて盛り上がったという話も聞きます。

この業務のやりがい

私がこの仕事をしていてよかったと感じる時について挙げていきます。まず第一に，クライアントだけではなかなかうまくいかないプロジェクトに希望時期にあわせて対応できた時です。

書類作成をクライアントの代わりにするだけではなく，プロジェクトを管理する仕事です。締切や注意点を日々クライアントと共有する必要があります。

我々が関与することで，希望する開設時期に間に合うことはよくあり，「依頼してよかった」とクライアントから感謝されます。

次に，相手が気づかなかった，あるいは通常のプロジェクトの進め方をしていれば見落としていた可能性がある問題点を事前に指摘できた時も，やりがいを感じます。

例えば思い込みでA区で開設場所を決めていて，許可が下りず困っているクライアントに，B区であれば許可が下りることをお知らせできた時などです。

さらに，障害福祉サービスではサービス管理責任者や児童発達支援管理責任者を配置しなければいけない場合があります。両者は一定の実務経験が必要ですが，採用にあたりクライアントが勘違いをしていて要件を満たさない人を採用してしまうのを指摘できた時も感謝されました。

　このように，サービス管理責任者や児童発達支援管理責任者の要件は都道府県により独自ルールがあります。職務経歴を役所に説明することで，結果が変わることもあり，交渉が上手くできた時も達成感を感じます。

　さらに，クライアント様の施設やサービスが増えて，追加依頼が来る時も嬉しいです。クライアントの施設やサービスが増えることは，その地域の福祉サービスが充実することです。弊社のビジョンである「誰もが暮らしやすい社会の実現」の達成に繋がっていると感じています。

おわりに～コロナ禍と障害福祉サービス

　新型コロナウイルスが発生した2020年春以降，厚生労働省から一貫して発信されたメッセージがあります。それは「障害福祉サービスは可能な限りサービスを継続させていく方向で提供してほしい」ということでした。通所施設の場合，クラスターが施設内で発生した場合はもちろん休園しなければいけません。しかし，休園しなければいけないだけであって，他の対応（電話やZoomなどのオンライン）でのサービスの提供が可能であれば，サービスの提供を行ったこととみなす，という通達が各障害福祉サービスに届きました。利用する方が社会的弱者だからということもあり，「何が何でもサービスの継続を行ってください。サービスの継続にあたっては今まで認めてこなかった形のサービスの提供（オンラインでの面談など）もケースによっては認めます」という厚生労働省の姿勢はとてもわかりやすかったです。

　障害福祉サービスは継続してサービスを提供し続けることが最も大事という認識を私自身改めて深く実感しました。

　「障害福祉サービスのようにサービスの継続が深く求められている分野のコンサルティング業務をメインで行うのであれば，我々自身も業務を継続するために組織化を目指す必要があるのではないか？」と思い，行政書士法人に業態

をかえ，組織化をしました。

　3年に一度の法改正があるほか，毎年細かい制度改正があります。そのたびに行政への届け出や利用者むけの重要事項説明書や契約書（料金表を含む）などの変更がでてくるので，ニーズが高い分野だと思います。

　障害福祉サービスのサポート業務はクライアントと一緒に成長していける分野として有望だと実感しております。

Message

　他の分野の行政書士業務はわかりませんが，障害福祉サービスのコンサルティング（法人向けコンサルティング）は非常に専門性が要求される分野です。専門性を日々追求すべく業務内容の研鑽に励まないといけません。

　独立すると，研鑽だけでなく経営もしていかないといけない面もあります。今まではほぼ「行政書士＝独立開業」でしたが，長く勤務しながら専門性を高めていくという選択肢を作っていきたいと考えています。

　障害福祉サービスは人材確保やサービス向上のために，どんどんDX化が進んでいます。当然我々もDX化を推進する必要があり，その面でも資本があるほうが投資効果を得られます。「チームで障害福祉サービスのコンサルティングを行っていくことで，障害福祉サービスの質の向上に貢献する」方向性で進んでいきたいと考えています。

FILE 9

医療法務

古川 晃 （ふるかわ ひかる）

PROFILE

　日本大学卒。神奈川県川崎市生まれ。RCJ group 代表，行政書士法人 RCJ 法務総研代表社員。株式会社リアルコンテンツジャパン代表取締役（経産省中企庁認定経営革新等支援機関），他グループ内法人数社。

　都内の医業経営支援の法律事務所，会計事務所，行政書士事務所勤務の後，2011年独立開業。医科歯科開業医様の補助金・融資等の資金調達支援，医療法人設立，分院開設，解散等の認可支援を専門とし，その他マーケティング，業務改善，人材育成，事業承継等，医業経営に関するご支援を行っている。

　医療機関様の資金調達年間実績1,000件超，医療法人認可実績総数1,500件超。2021年度の求人応募数500名超。

　2020年 YouTube「行政書士古川ヒカル」チャンネル開設。「開業時に苦しんだ昔の自分が知りたかった情報」をコンセプトに行政書士開業を志す方々向けに，数々の成功事例や失敗事例を通じて得た経営ノウハウを惜しみなく発信。SNS フォロワー総数15,000人。

医療許可専門の行政書士になるまで

　開業して11年，開業前から数えると16年，医業経営支援に携わっています。お客様は，大きな病院というよりは，街のクリニック様です。大学病院や総合病院といった大きな医療機関ではなく，街の歯科医院様や美容外科様等です。

　未経験の方からすると実務内容のイメージがつきづらいかもしれません。そこで，実務内容や業界の展望についてお伝えできればと思います。

■　勉強嫌いのスポーツ少年と「法律×医療」の出会い

　子どもの頃から勉強が嫌いでした。高校には野球推薦で進学し，野球引退後はボクシング，キックボクシング，総合格闘技など齧りました。しかし，食っていけるには程遠く，お先真っ暗だと絶望していました。

　人生を変えたいと思い，今まで逃げ続けていた勉強に向き合い，何か専門的なことを勉強することにしました。会社には馴染めないだろうと思っていたので，独立開業できる資格を探し行政書士にたどり着きました。

　たどり着くまでには，紆余曲折がありました。若かったので，「独立できる立派な仕事＝医者」と安直に考えました。スポーツを真剣にやってきて，たくさん医療のお世話になってきたので，身近な存在だったのもあります。しかし，調べてみると6年間医学部に通わないといけないし，学費も高額で現実的には厳しいということがわかりました。

　そんな時，行政書士という資格をたまたま知り，「これだ！」と思いました。初めて真剣に勉強して，運よく一発合格。

　合格後，就職先を探していたとき，たまたま医業経営支援を強みとしている法律事務所のパラリーガルの求人に出会いました。医者は断念したものの，私の人生を支えてくれた医療に恩返しがしたいという気持ちがありました。もしかしたら違う立場で医療業界に関わり，貢献できるのではないか，これしかないと思ったのです。これが私と「法律×医療」との出会いでした。

■ 必死で修業

　行き当たりばったりで出会ったこの業務ですが，最初はチンプンカンプンでした。事務所はOJTで，基本は全部自分で調べて完成品を上司に確認してもらうというスタイル。毎日終電まで仕事が終わらず，土日も自分で調べて泣きそうになりながら必死に働きました。所長が行政書士登録もしていたので，医療認可の支援や，補助金，融資などの資金調達の支援など幅広く携わりました。さらに，併設の会計事務所では医業経営の支援のアシスタントを経験しました。

医療分野における行政書士の活躍の場

■ 診療所が9割の実態

　誰もが一度は医療機関のお世話になっていると思いますが，そこに行政書士が一体どのように関わっているのかイメージしづらいかもしれません。

　医療機関には，病院と診療所があります。これらは医療法で明確に分類されます。違いは患者さんが入院できるベッドの数で，ベッドの数が20床以上ある医療機関が病院，19床以下は診療所です。

　大きいところであればあるほど，事務局があって事務スタッフが多くいます。一方，診療所は，一般的には事務局がなく，ほとんどが現場スタッフです。院長先生と奥様が確定申告も給与計算も全部自分でやっているというケースもあります。数で言うと，医療機関の総数は179,109，そのうち病院は8,327。一般診療所（有床診療所＋無床診療所）が102,299，歯科診療所が68,483です（厚労省調査　平成30年より）。

　数としては病院よりも診療所のほうが遥かに多いのです。士業がご支援できる機会が多いのは，診療所です。診療所にフォーカスして具体的にどんな支援ができるかを説明します。

士業の診療所支援

　行政書士の独占業務は許認可です。医療関係の許認可は非常に多いです。代表的なものを挙げます。

● 医療法人設立認可
● 医療法人の定款変更認可
● 医療法人の診療所開設許可
● 薬局医薬品販売業許可
● 医療機器の製造，販売，貸与業許可

　株式会社や合同会社は，特別な資格がなくても設立登記をすれば設立できます。それに対し，医療機関は私たちの健康に関わる重要な施設ですから，誰でも始めることができるわけではありません。株式会社や合同会社などの営利法人では原則として診療所の経営はできないことになっています。

　もし，診療所を開設したい場合，開設者と管理者が必要になります。基本的にはこれは医師または歯科医師免許を持った方が保健所に届出をして個人事業主として診療所を開設します。その後経営が安定してきて法人化するぞとなった場合は，医療法で定められている医療法人を設立する必要があります（一定の要件を満たせば一般社団法人での診療所開設も可能です）。

　医療法人を設立するには，各都道府県の認可を得る必要がありますが，これがなかなかのボリュームです。診療所の院長先生が自ら行うのは難しいでしょう。設立認可を得た後も保健所に診療所開設の許可申請など様々な手続きが必要で，一式完了するまでおよそ半年かかります。ここが行政書士の出番です。

報酬

　行政書士の業務の中でも，医療法人の設立認可や保健所の診療所開設許可，その他様々な手続き一式の報酬は高額な部類で，1件あたり100万円程度です。ただし，設立というのは，年間で全国1,000件前後しかありません。年によってバラツキはありますがざっと100万円×1,000件＝10億円程度の市場規模です。

これ１本では，なかなか事務所の売上を維持し続けることは難しいです。

　実は設立だけでなく，その他にもたくさん支援できることはあります。医療法人は定款を変更するだけでも認可が必要です。もう一つ診療所を追加で開設したい（分院開設）時や，もう解散したいという時も認可が必要です。また，法人としての税務申告とは別に，毎年都道府県庁に事業報告を行う必要もあります。

やりがいと矜持

● 片手間ではできない仕事，覚悟を持って臨む必要

　専門色が強く，報酬単価も高い分野になります。その分，医療業界のことを理解していないと聞き慣れない用語もありチンプンカンプンかもしれません。

　診療所をオープンするにはたくさんの医療機器を揃え，医療従事者を集め，大きなお金をかけて始めます。診療開始日を遅らせてしまうと大きな損害になります。医療法人設立認可の申請については，各都道府県により異なりますが，基本的には年に２回，期限が決められています。いつでも申請できるものではなく，落とすと申請できるのは約半年後になります。責任は重大で，「初めてで慣れてなくてごめんなさい」では済みません。

　この分野で活躍したいと思うなら集中して特化する覚悟が必要です。

　スペシャリストになれば開業医様や医療従事者様に頼られる専門家として活躍できるでしょう。医療を共に支えていけるという大きなやりがいもあります。医療業界に貢献したいという真摯な思いがある方にはぜひお勧めいたします。本当に素晴らしい仕事です。私はこの仕事を心から愛しています。

営業手法

● 人と人とのつながりでの受注がほとんど

　お客様は基本的には開業医様，いわゆる院長先生です。繋がりがないで終わらせてしまったらそこで終了ですので，なければ自ら作るしかありません。

営業の王道ですが人からのご紹介が第一です。実務に自信があるのなら，堂々と医療法人認可専門を名乗り，ご縁ある全ての人に院長先生のお知り合いはいないかを聞いてご紹介をお願いします。時間はかかるかもしれませんが確実にご縁は掴めるでしょう。

実務未経験で今後挑戦していきたいということであれば，医療業界を勉強するしかありません。伝手を辿って院長先生とお近づきになって医療業界のことを教えてもらうことから始まります。医療業界の構造や課題，仕組みや全体像を把握していくことからです。

院長先生がわざわざ自分で検索して行政書士を探すというケースはあまり多くないので Web 集客はあまり効果がありません。そういった話は顧問の税理士に相談することがほとんどです。アナログな紹介でのお仕事受注がほとんどというのが現在のところです。

独自のサービス

◼ 医療経営の支援

経済産業省中小企業庁認定経営革新等支援機関でもあり，単純な認可手続きだけでなく，資金調達や医業経営に関するコンサルティングなどの経営支援が得意です。医療経営は，とにかく医療機器は高額ですし，店舗事業ですから分院展開するにしても物件契約から内装デザインなど，大きなお金がかかり続けます。特に近年では美容外科や審美歯科など美容に関する保険外の自費診療の競争が激化していますから，綺麗な内装，最新の医療機器や技術，おもてなしのスタッフ教育などかなりハイレベルになっています。看護師や歯科衛生士などの資格者人材の確保も競争が激化しています。より有利な条件での融資調達や補助金の活用，さらには経営戦略の策定や業務フローの改善や業務標準化のマニュアル作りなど支援できることはたくさんあります。

◼ 自分ができることが増えれば支援サービスの幅も広がる

BtoC の店舗事業は動画コンテンツや SNS の情報発信がとても効果的ですが，

YouTube チャンネルを運営してきた経験から，コンテンツマーケティングの
コンサルティングなども行っています。宅建免許があれば診療所開設のための
物件の仲介をすることだってできます。医業経営の課題解決のために自分自身
ができることを増やせば，より深く貢献できるようになるわけですから，せっ
かく医療業界に関わるのであれば，あれもこれもと全く別の業界の許認可手続
きなどを幅広く扱うよりは，この医療業界で貢献できることを増やしていくほ
うがよいでしょう。

これからの展望

◉ 医療はなくなることはない

　事業の鉄則は，時流を読むことです。それは行政書士事務所経営も同じです。
これから市場が縮小していくダウントレンドの業界よりは，将来性がある分野
を選んだほうが，基本的には経営上有利なのは周知の事実です。その点，医療
はどうでしょうか。確かに日本の総人口は減少することは明らかで，1億2,000
万人を超えていた日本人も，2050年には1億人を下回り，2060年には9,000万
人を下回るとまで言われています。これはどの業界も無関係ではなく，そもそ
も日本経済そのものが厳しいことは予想されますが，医療機関も例外なく人口
減少とともに減少することは予想されます。ですが，他の業界ですと，テクノ
ロジーの進化により消滅する業界もたくさんあるはずです。一方でどんなに世
の中が変わっても医療の存在そのものがなくなることは想像しづらいですよね。

◉ AI化に伴い研鑽が必要

　デジタルガバメント化が進み，許認可などの手続き自体どんどん簡素化され
ていきます。これは医療業界に限らず行政書士としては古き良き時代のままで
はいられない時代の流れです。手続きが簡素化されれば行政書士側が楽になっ
ていいという楽観的な意見も聞きますが，私はそうは考えていません。
　簡素化されても許認可自体は無くならないというのは同意ですが，簡素化さ
れるということは1件あたりの業務時間は短くなり，それにつれて報酬単価が

下がり価格競争が激化するのが自然の流れだと考えています。

　だからこそ今のうちに行政書士は何か自身の専門分野を確立して，手続き代行業務を収益の柱とせずに，専門性を活かしたコンサルティングやコンテンツを売り出していくのが生き残る道だと考えています。医療分野においても，許認可手続きのみでなく，資金調達や医業経営に関するコンサルティングなど，専門性を活かした業務に力を入れています。医療に一層貢献できるように進化し続けたいと決めています。

Message

　私が最も大切にしている価値観は，愛・感謝・貢献です。人を愛すること。全てに感謝すること。縁ある人に貢献すること。この理念に基づいて一貫して行動しています。私の人生を変えるきっかけとなってくれた行政書士という業界を心から愛し，心から感謝しています。できることで恩返しして貢献しようと常に考え行動しています。また，私の人生を支えてくれたかけがえのない医療を心から愛し，感謝し，貢献することを考え日々行動しています。目の前のお客様に最大限の貢献をし，一度の関わりで一生涯のパートナーとしてもらえるような関わりを常に心がけています。開業から11年。それを貫いてきた結果，お客様がお客様をご紹介して下さり，そのお客様に貢献し良好な関係を築き，またお客様をご紹介して下さる。お客様に限らず，ご縁ある方々にも常に愛と感謝と貢献を忘れず関わることで，たくさんのご縁をいただいてきました。社内のメンバーも後輩や友人を紹介してくれます。私一人で成し遂げたことなど何一つなく，多くの方々のお力あって今があります。私一人では不可能なことも，人のお力をお借りした時，不可能は可能になります。愛と感謝と貢献を忘れず言行一致に励めば，営業活動も不要になります。人それぞれの考えややり方はあると思いますし，正解は一つではありません。みんな違ってみんな良い。でも私はこの在り方で今があるし，これからもこの在り方で生きていきます。ご縁ある全ての方々の物心両面の豊かさに少しでも貢献し，ご恩返ししていくことが私の使命です。

　ぜひ共に，行政書士の立場から，お客様と社会の課題解決に貢献し，自己実現してきましょう。皆様のご活躍を心より願っております。

FILE10

相続・遺言

原田 裕 (はらだ ゆたか)

PROFILE

　名南経営センター（現：名南コンサルティングネットワーク）入社後，
３年間有限会社名南リスクマネジメントで損保代理店業務を行い，株式
会社名南経営に転籍，行政書士佐藤澄男事務所へ出向し建設業，宅建業，
産廃業等の許認可業務に従事。2003年４月に相続手続支援業務の開始
に伴い行政書士事務所の許認可業務と兼務し，2012年相続業務専任に。
2015年行政書士事務所の法人化に伴い，相続業務を株式会社から行政
書士法人の事業とすることになり，それに合わせて転籍し現在に至る。
　2016年に資格を取得し2017年から行政書士法人名南経営社員行政
書士となる。

相続業務を選んだきっかけ

2003年4月，相続税申告，相続登記を集める目的で相続業務を始めました。相続業務を始めた当時の私は一従業員でしたので，立ち上げも望んで始めたというより与えられた任務でした。私の当時の所属である名南経営センターの法務部は小さく，かつ，名南経営センターの顧客対応の業務がほとんどだったので，既存顧客以外の相続業務を集めることができればネットワークの強みを生かせる業務になりますし，法務部の事業の柱を増やせるチャンスになると考えて取り組みました。

立ち上げの任務をいただいた時点では，相続の知識はありませんでした。大手葬儀社からの送客という太いパイプがあったので，案件数と経験値を上げることにはさほど苦労をすることがなかったのは有難いことでした（当時は今のように相続業務に過熱感はなく，黎明期でした）。

相続業務の概要

巷で認知のある言葉で表すとしたら，信託銀行のサービス名称が知られていると思います。①遺産整理業務と②遺言信託が近い業務になります。

■ 遺産整理業務（①）

遺産整理業務は以下に分類できます。私たちは「相続手続支援サービス」と呼んでいます。

- 相続証明
- 遺産分割協議書の作成
- 各種相続手続き

相続開始後の事務処理を代理，代行することでお客様の手間や不安を解消するものです。以下，それぞれについて解説します。

　人が亡くなると民法に基づいて相続が開始されます。大雑把に説明すると相続人が全員参加して，亡くなった人の財産について，誰が，何を，どれだけ取得（相続）するかを話し合いで決めるのが遺産分割ですが，その遺産分割の前提となる相続人の範囲を確定させる業務が相続証明です。

　日本国籍がある方であれば，戸籍に本人と本人の家族関係が記載されていますので，戸籍を取得することで，亡くなった人が生まれたこと，結婚したこと，子を授かったこと，離婚したことなど，家族関係の変動を把握することができます。

　相続証明が業務として成立している事情としては，戸籍は法律の改正や本人の事情で閉じられたり作られたりすることと，戸籍が本籍地を定めた市区町村役場でしか交付を受けられないこと，昔の戸籍がとても読みづらく，何が書いてあるかわかりづらいことなどがあります。

　本籍地を転々とされている方は戸籍を辿ることが大変だったり，戸籍が読みづらいので相続関係が把握できないなどの課題を抱えてしまった相続人は，専門家へ依頼することになります。

　戸籍は平成に入り電算化されましたが，電子データとなっているのはここ20年程度の戸籍だけです。電子化以前の改正前のものは画像データにはなっていますが，データとしての活用は難しいと思いますので，2004年前後に生まれた人たちが全員死亡する頃まで，重要度の高低はさておき，相続証明業務は残ると思います。

　相続人が全員参加し，遺産分割の内容を決めても相続は終わりません。相続は，亡くなった人の名義となっている財産を，相続人に帰属させることでゴールを迎えます。

　不動産であれば法務局へ，預貯金であれば，預金をしている金融機関へ，それぞれ相続に伴う所定の手続きをし，土地や建物の名義を変更したり，預貯金を払い出します。

　各手続き書類に，相続人全員がそれぞれ署名捺印をすることで手続きを進め

ることもできますが，相続人が多数であったり，距離的に遠方な相続人が居て，それぞれの手続き書類に相続人全員の署名等が気軽に揃えられない場合や，相続人全員から手続きする数の分の署名捺印をもらうのが困難な場合もあります。

遺産分割協議書を作ることで，相続人代表（それぞれの財産を取得する人）の署名捺印で手続きを進めることができるようになり，たくさんの書類に，何度も，相続人全員から署名捺印をもらうというストレスを減らすことができます。また，遺産分割の内容は時間の経過で忘れて曖昧になりがちなので，記録を作成するようすすめます。

なお，遺産分割協議書の作成は行政書士業務ですが，協議成立に関与することは控えたほうがよいでしょう。相続人間の利益調整は弁護士以外の他士業が行ってはいけません。特定の相続人の利益を守るための活動や，相続人間の利益調整を行うことは弁護士法に違反する可能性があり，法律に反する活動をしたとなれば，お客様の信頼を裏切ることになります。どこからが非弁活動になるのか線引きは難しいですので，これから行政書士として相続業務を行うことを考えるのであれば，相続に強い弁護士とお付き合いできるとよいでしょう。

また，遺産分割協議は，相続人全員が参加して，相続人全員で合意をすることが必要です。相続人に行方不明の人が居ても認知症の人が居ても相続人全員が参加し，相続人全員で合意しなければなりませんので，このような事情がある場合の相続において，何が課題になり，どのような解決方法があるのか，また，どうしたら相続手続きを進めることができるのかなど，アドバイスできるとよいでしょう。

さらに，相続の手続きとして最も多いものは預貯金（金融機関によって，預金という名称だったり，貯金という名称を使っていますので，便宜上，預金と貯金を指す言葉として，預貯金と言っています）の解約手続きです。

現役世代であれば給与の受取り口座，高齢の方であれば年金の受取り口座など，多くの方は銀行，信金，農協等複数の金融機関で預貯金の口座を持っています。

不動産も登記手続きがありますが，これは司法書士の独占業務ですので行政書士は行えません。きちんと司法書士と連携して依頼できる関係を作っておくのがよいでしょう。

その他，証券口座，自動車の手続きやゴルフ会員権，リゾート会員権の名義変更など，お客様からよくわからないと言われる手続きは何でもお手伝いします。

　相続手続きを始める時期は，遺産分割協議が成立してからとなりますが，予め存否の確認をして，相続財産である場合には，相続手続きに必要な書類を集めるとともに，遺産分割協議ができる材料を揃え，遺産分割協議が成立したら直ちに名義変更等の手続きができるよう準備を整えておく必要があります。財産の種類が多い場合や価額が高い場合は，残高証明書や評価証明書を取得し，財産目録を作るなどして共同相続人と情報を共有することで，スムーズに遺産分割協議が成立できるようにします。

　財産の把握について，通帳や権利書（登記済証，登記識別情報通知）が手元にあればわかりやすいですが，最近ではネットの銀行や証券会社のような現物が存在しない財産があります。これらは，しばらく取引が無く通知等が来ない状態で相続を迎えると，口座の存否がわからない状態になります。そのほか暗号資産や地金等の貴金属取引もネットで行えますので，同様の事態が起こり得ます。手がかりのない財産について，漏れなく調べることは不可能に近いことです。相続人からのヒアリングと郵便等の書類からあたりを付けて調べるのが適当な方法と思われます。

遺言信託（②）

　まず遺言信託が何を指すかを理解する必要があります。遺言信託は，信託という言葉を使っていますが信託法でいう信託とは違います。気になる方は信託法，信託業法を調べてみてください。

　一般的に「遺言信託」というと，遺言公正証書作成のお手伝い，遺言書の保管，遺言の執行予諾の3つのサービスを指します（行政書士法人名南経営では，遺言作成支援サービスという名称でご提供しています）。

　子どものいない夫婦の相続であれば，相続人は残された配偶者と，兄弟や甥姪となります（法定相続人の順位でいえば被相続人の尊属が第二順位になりますが，一定程度年齢を重ねて相続を迎えられると尊属は死亡されており第三順位の兄弟や甥姪が相続人になります）。しばらく疎遠になっている兄弟や，か

かわりがすごく少ない甥姪へ連絡を取り，遺産分割を行わないといけません。兄弟の中には認知症で遺産分割が困難な方がいる場合もあります。相続開始後はこの状況が確定した状態でお手伝いしますので，どうしてもできることが限られます。

　生前に手を打っておくことで課題を小さくし，安心して相続を迎えられたら残された方は幸せだと思います。

　近年では認知度も高まり相談件数が増えています。一昔前は遺言の話をすれば，私を殺す気かとお叱りになられる方も多かったものですが，「元気なうちに遺言を書いておきたい」という高齢者も増えました。

　もちろん，遺言を書かせたい人から相談をいただく場合があります。例えばお子さんから，親御さんに遺言を書いてほしいのだけれどというケースです。ただ，親御さん自身に遺言を書く意思がなければ実現できません。遺言を作る意義を説明しても納得いただけないときはお手伝いできません。

　お手伝いすることになったときは，遺言される方の理解度に応じた内容をご提案することと，できるだけ争う余地が小さくなるような内容になることを意識してアドバイスします。

　遺言作成時にご本人の理解の及ばないほどに複雑な遺言は，将来，遺言無効の可能性を残すことになります。また，遺言を作るのは将来の相続の争い防止の意義もありますので，遺留分を侵害してしまうような遺言はできる限り残さないほうがよいでしょう（夫婦で遺言を作り子世代に多く財産を相続させるために，夫婦間で遺留分を確保しないという内容は例外です）。

　遺言するご本人の希望が叶えられるようにという考えで業務に取り組んでいます。

やりがい

■ 誰にでもやってくる「死」と悲喜こもごも

　相続まわりのサービスは誰にでもやってくる「死」に関係する業務です。その意味では決して楽しいものではありませんが，相続を考える本人や家族を援けることができる点で必要とされるサービスです。求められることを提供できる喜びは大きいです。

　相続では共同相続人が各自の権利を主張する場面に立ち会ったり，遺言においては遺言書を書かせたい家族の一方的な主張を聞いたりする機会があるのですが，このときのそれぞれの思いに対して，なるほどねと思ったり，何だかなぁと残念な気持ちになることがあります。

■ 自分は優しい気持ちで……

　いつかどこかで自身も相続を受け，相続をさせる立場になりますが，現業で得た経験や知識が役立つことでしょう。自分の権利を主張する人であれば，その知識を有利に使うこともできますし，優しい気持ちの人であれば，亡くなった人や共同相続人の立場や思いをおもんばかった対応をすることもできるようになるな，と思っています。死んで何か持っていけるわけではありませんので，個人的には優しい気持ちで迎えたいと思っています。

営業手法

■ 金融機関との連携

　専ら提携する金融機関等から紹介いただくお客様へ相続業務のサービスを提供しています。金融機関との接点，協力関係は相続業務にあたり大事だと思います。提携する金融機関等の担当者がどのようなことに関心があり，どのような情報や知識があれば私たちを繋ぎ易くなるのかを考え，提携先と一緒に成長できる関係を作ることに注力しています。

▨ DM

お客様には夏と冬の2回，集合写真付きの葉書をお送りしています。大きい会社ではありませんので，ちゃんと潰れないで続いてますよ，まだ会社ありますよという存在確認みたいなものですが，お送りする度にお電話やお手紙で受け取ったよとお返事をいただける方もいらっしゃるので，楽しみにしていただけるお客様も少しはいらっしゃるのかなと思っています。名簿の管理や情報の更新は手間が多い作業ですし，発送コストも意外とかかりますが，反応をいただけるのは嬉しいですし，こういった活動がリピーターを獲得することに役立っていると思い，続けています。

▨ 面談

1日の稼働時間のうち半分程度の時間はお客様と面談し，何らかの相談対応をしています。

お客様に来社いただくこともありますが，多くの場合は拠点の金融機関のお客様の最寄り支店かお客様のご自宅になります。お客様の機微は伝わりづらいので，面談した担当者同士細かく状況を伝え合うようにしています。

おわりに

▨ 相続業務は増えるが，同業者との競争も激しく

2045年には日本の人口に占める65歳以上の高齢者が30％を超えると言われています。この予測に基づけば相続業務は右肩上がりと言えそうです。ただ，相続業務に参入する事業者も同様に，右肩上がりで増加するとも思っています。

既にレッドオーシャンのようにも思いますが，まだ世に出ていない相続サービスあるいは完成していないサービスはあるでしょう。現在のサービスを軸にしつつ，他にできることを見つけて形にしたいと思っています。

どれだけ早い段階でお客様と接触し，認知してもらうかが重要になっています。

　行政書士法人名南経営は，行政書士の会社としては比較的大きな会社になるかも知れませんが，チーム戦ができているかというと，まだまだだと思っています。共感してもらえる仲間を増やし，個々の能力を高め，チームで対応できるよう組織作りをしたいと考えています。

　行政書士という仕事は稼げないと言われますが，よいサービスを提供し，チーム戦ができるほどに規模を大きくし，よい仕事をすることで高い売上を確保し，それを原資によい人材が来てくれるという循環を作りたいと思っています。

　仕事をする時間は生きている時間のうち多くを占めます。働く楽しさの定義は人それぞれですが，誰かの役に立っていること，技術的・精神的に成長していると思えること，誰かの助けを受けられることを感じられるのは素晴らしいことです。業務を通じて，楽しいを実現できる会社にしたいとも思っています。

PART

2

行政書士として生きていくための戦略

DX による業務効率化

石下 貴大 (いしげ たかひろ) (プロフィールは20頁)

行政手続の DX 化と行政書士業務の変化

——コロナ禍で行政書士業務はどう変わりましたか？

　まず，行政手続の DX 化がグッと進みました。補助金業務等の申請方式一つを鑑みても，その変化を実感します。以前は「補助金は当日消印有効だから」と24時間郵便局に駆け込んでいたのが，オンラインで済むようになりましたし。先々95％くらいまでは電子化されていくということですから，行政書士業務は大きく変わると考えています。経過措置的にお客様の DX 化支援のような業務もあると思いますが…。

　デジタル庁も新設され，国が本気を出してきていると思います。建設業や入管関係の申請も一部電子化がすでに始まっています。e-Tax とか，他士業では既に普通なわけですから，これからも確実に進むでしょう。

　当面ローカルルールの問題などはありますが，手続は単純化，平準化する方向で収束していくと思います。

　そうすると，行政書士にとって何が起こるか？

　「AI の発達や DX 化になり，行政書士は不要になるのでは」という声を聞くこともありますが，すぐに不要になるとは思いません。行政がツールを用意したとしても，お客様がすぐに使いこなすのは難しいからです。行政のツールも未発達で，「誰もが使える」ものになるのはもう少しかかります。

　ただ，お客様は「手続が単純化されて簡単になったのだから安くなるよね？」と思うわけです。報酬面の見直しを迫られる場面に遭遇する可能性があります。

――報酬を値切りされる場面？

　そうですね。簡単になったのであれば安くして欲しいと思うのは当然の流れです。ですから，行政書士は従来の仕事の仕方を見直す必要があります。工数を減らして効率化するとか。

　また，手続業務だけだと低料金化は避けられないので，コンサル等をすることで付加価値をつけていく必要があります。

――付加価値をつけていくとは？

　行政書士事務所の9割以上が従業員5人未満といわれています。薄利多売で競っても，なかなか太刀打ちできず消耗するだけです。「高単価・高品質・高付加価値」にシフトしていく必要があります。ただ，小さな事務所で皆がそれに対応できるとは限らないと危機感を覚えています。

――高単価・高品質・高付加価値を達成するには？

　お客様の顕在化していない課題を掘り起こして解決するようなコンサルをしていけるといいですね。元々建設業関連はこういったコンサル要素が強いですが，入管関連業務においても，単純に VISA 手続をするだけではなく，お客様の「こういう人が欲しい」というニーズに合わせた提案ができるようになれば，頼られる場面が増えるでしょう。

　お客様にとって，行政手続は目的ではなく通過点です。

　我々も行政書士ではありますが，資格に縛られる必要はありません。もちろん国家資格者としての使命感や誇りを持っていますが，行政書士という資格もツールでしかないと考えています。

　行政手続に限らず，どうすれば社長のお金と時間を増やすことができるか，お客様の会社が永続的に成長していくのに寄与できるかを考えていくと，答えが見えてくると思います。

コロナ禍と行政書士の営業

——行政手続以外でコロナ禍での変化とは？

　コロナ禍により，仕事を依頼される形式も変わってきましたね。従来スポット業務は「紹介・Web・セミナー」経由で来ていました。前者2つは大きくは変わりませんが，リアルセミナーができないので，Zoom から個別相談に持っていく方法などを探る必要もあります。紹介に関しても Messenger やChatWork，Slack 等でつなぐことも増えていますね。

　一方で，お客様自身の DX 化も進み，会議も Zoom や Teams などを活用したオンラインがメインとなりました。

　使えないとディスアドバンテージになりますが，使いこなしているのであればこれはチャンスです。なぜなら，今まで対面で会える範囲でしか受任できなかったのが，日本全国どこでも受任可能になったのですから。商圏がものすごく広がったわけです。

——日本全国の仕事を受任できるようになった。

　それはメリットやチャンスであるのと同時に，脅威でもあります。以前，会計事務所が沖縄に会計センターを置いてそこで全国の仕事をするようなビジネスモデルが流行りました。そういった会計事務所なり規模の大きな異業種が，行政書士業務まで手を広げてくることも考えられます。

行政書士事務所の DX 化

——RPA にも取り組まれていますね。

　数年前から RPA に取り組んでいて，仕事の仕方がドラスティックに変わると考えています。元々，個人的に効率化について考えることが好きで，色々ショートカットできる方法を試しています。先行してできている人から学ぶのも大事だなと考えています。DX 化は効率化の際たるものですね。

　AI にはまだ画像認識などの課題はありますが，精度もだいぶ上がっています。AI と RPA で印鑑証明書も自動で名前を抽出して，転記して，ということができてきます。

会計業界や社労士業界では既にRPAの導入が進んでいますし，行政書士業界でできないはずはありません。これから膨大なデータベースが集まり最適化されることで，より精度も高まるでしょう。AIが出る前段階でRPAで代替できる標準的な手続も多くあります。

　そうであれば先ほど述べた価格破壊が起こるのは必然の流れです。

　一方で，補助金業務とかはAIに向かず，お客様へのヒアリングの中から提案していくものではあります。

　AI化への流れは止められません。だからこそ，行政書士自身も電子化の恩恵を受け取ったうえで，AIを怖がりすぎず，「何ができるのか，できないのか」を見極めてお客様に価値を提供していかなければいけません。

——RPAのほかにはどういったことに取り組まれていますか？

　新しい業務を閃くためにも，電子契約，freee，MFとかクラウドなどもまず自分の事務所で取り入れるようにしています。セールスフォース，kintoneなども早くから使ってデータ連携をしていますね。生産性という点で誰がどれくらいの時間を使ってこの業務をして，利益を出しているかも見られます。

　リモート勤務については，コロナ禍前から在宅で働きたい従業員がいたため，どこでも仕事ができる体制が整っていました。携帯電話とパソコンを事務所から貸与し，アプリ等で情報共有しています。

　労働集約型のビジネスモデルなので，いかに1件当たりの業務効率を追究し，「死に時間」を作らないかが課題ですね。時間単価を上げていく必要があります。

——コミュニケーションツールは？

　これだけは，こちらの都合ではなく，お客様に合わせています。建設業の一人親方だったら電話がよい，さらに携帯につながるほうが喜ばれるとかありますから。お客様に寄ったサービスを作っていくことはマストだと思います。電話や対面で話を聞いて欲しい社長もいますし，お客様次第です。

　即レスも徹底していますね。営業時間外の連絡は困る部分もありますが…。

　IT系であればSlackやChatWork，Messengerなどを求められますね。すぐにグループを作って連絡するようなスピード感が好まれます。

——ほかに事務所の DX 化におすすめは？

　新しいものが好きで色々試しますが，勤怠管理はタッチオンタイムを活用しています。

　お客様との日程調整用には Spir というものを使っています。Google カレンダーと連携してくれるので便利です。「お客様に空いている日程 2，3 ください」という日程調整は一般的に行われていますが，忙しいお客様が開いている候補を探すほうが手間がかかり迷惑をかける可能性があります。

　タスク管理については，個人に関しては Torello や Asana，Evernote が便利ですかね。

これからの行政書士の存在価値

——これからの行政書士の在り方は？

　行政書士の仕事自体は，標準化された作業が多いです。手引きもあります。難しい業務は知見も必要ですが，簡単な業務もあります。そういったものでは，DX 化でお客様自身が行うようになるでしょう。

　行政書士が不要になるくらい，行政手続を簡単にしていくことを国は考えていると思います。手続きの多くが簡素化していく中でどうやって価値を発揮していくかは大きな課題です。

　法人手続でも，マイナポータルを含めて色々連結させて「ワンスオンリー」になっていく流れです。私たちが得意とする融資業務も，決算書を提出すればそこで自動算定される未来も十分にあり得ます。

——AI で行政書士はなくなる？

　AI による契約書チェックサービスなども，4，5 年前から取り入れていますが，私達の知見よりも確かなことがあります。ツールとしてとても優秀です。一方で，素人でも使いこなせるようなものになれば，我々の仕事は一定程度なくなると思っています。すぐにではありませんが，仕事の仕方が変わるのは間違いありません。

　一方で AI はデータベースの蓄積からの最適解は得意でも，見たことがないような事象が発生した場合には少なくとも現状では対応できないわけです。新

しいビジネスモデルに関してどう対応するかなどは難しいので，AIを敵ではなく武器としてお客様の顕在化していない課題のサポートをしていくような業務がメインとなっていくと考えます。

　ヒアリングをして，それを調べて，解決していく。さらに，ヒアリングの段階でお客様の潜在的な課題を掘りだしていく。そういったことはAIにはできません。

——ヒアリング能力が重要ですね。

　お客様がなかなか言語化できていない問題をヒアリングして引き出していくような能力が必要です。私も意識的にやっています。お客様によりそう，共に成長しているような関係を目指しています。

> **Message**
>
> 　行政書士の仕事は，お客様の「不」を解消していくことではないかと思います。ニーズの変化を俊敏に察知して仕事を作っていくことで，存在価値を発揮していけるのではと考えます。

マーケティング戦略

小島 健太郎 (こじま けんたろう)

PROFILE

2007年1月から行政書士試験に挑戦。2009年1月行政書士試験合格。同年4月開業。2012年8月，個人事務所を法人化。さむらい行政書士法人設立。現在は上野，新宿，名古屋，大阪に事務所を持つ。専門分野は在留資格申請・帰化・外国人の会社設立。

入管業務とマーケティング

——さむらい行政書士法人は，どういった業務をされていますか？

当法人でやっている入管業務には2つの領域があります。

1つは身分系。国際結婚に係る配偶者VISA申請，帰化申請，永住権取得等です。こちらは対個人。

もう1つは就労系。外国人雇用に係る就労VISA申請，外国人雇用に係ること，外国人経営者のVISA申請等です。こちらはBtoB，対法人ですね。

現在はコロナで後者が減っている状況です。

——対外国人個人となるとマーケティングも難しそうですね。

当法人のマーケティングはWebが中心です。サイトを作り込んでいます。

就労VISA関係，外国人経営者関係，国際結婚，帰化，永住，それぞれに詳しいWebサイトがあります。さらに，英語・中国語・韓国語・タイ語・ネパール語等多言語で展開しています。

——すごいWebサイトですね。

入管業務，と一口に言ってもターゲットがそれぞれ違います。先ほど述べた通り，対個人のものもあれば対法人のものもある。だからこそ，細分化して作

り込まないと顧客のニーズを拾えないわけです。「求めるものとちょっと違うな」と別のサイトに移行されてしまう原因となります。

　ここまでやっているのは当法人くらいですね。相当な手間とコストがかかっていますから。特に外国語のサイトは翻訳も必要です。当法人内部で対応できたものもありますが，外注に出したものもあります。

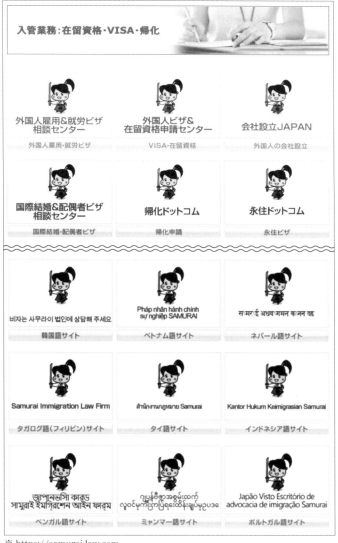

※ https://samurai-law.com

入管業務がしたくて行政書士に

——ここまでサイトを作り込むまでには時間もお金もかかったと思います。開
　業当初はどうされましたか？

　そうですね。私は行政書士になりたかった，というのではなくて，入管業務
がやりたいからそのライセンスとして行政書士資格を取得しました。

　外国人と交流するのが昔から好きだったので。車の運転がしたくて運転免許
をとるような感覚です。

　合格後は，まずはリサーチから始めました。

——マーケティングではなくリサーチ？

　入管業務を手掛ける同業他社のリサーチですね。自分がやりたいことと「勝
てる分野」が合致しているのかを見極めたかったのです。リサーチはマーケティ
ングの大きな要素だと思います。

　まず，マーケティングの手法として Web で仕事を獲得するのと，紹介や飛
び込み営業等アナログでするのでは全くやり形が違います。当初マンパワーが
ありませんでしたので，アナログは捨てて Web マーケティングに特化するこ
とにしました。割けるリソースは限られますから。

Web マーケティングと座学

——Web マーケティングに特化。

　Web マーケティングにあたっては，ターゲットとニーズをそれぞれ調べ上
げました。実務未経験でどうやったかと言いますと，実務セミナーに片っ端か
ら参加したり，実務書を買い漁ったりして，実務の内容をシミュレーションし
ていきました。これは実務を受任した後にも土台となりましたね。

　座学は無意味だと言われるかもしれませんが，実務の深掘り研究こそ顧客心
理が見えてくるのだと思います。まずは勉強です。

　実務経験がないからといって，トライ＆エラーで仕事を受けてしまうと，顧
客ニーズをつかみきれません。結局その後につながらないのではないでしょうか。

　業務によって違いはあると思いますが，ある程度座学で実務を研究しないと

次のマーケティングの段階には進めないと思います。マーケティングの前に実務の商品パッケージを作るイメージです。

――座学で戦略を練ったのですね。

　「マーケティングか，実務経験か」と2択のように考えるかもしれませんが，どちらにせよ，座学ベースで自分なりに研究する土台が必要であるのは間違いないと思います。顧客ニーズが見えてこなければ，的確なマーケティングができません。実務研究によって顧客ニーズを探る段階を飛ばして,「さあ！　マーケティングのためにホームページを作成しよう」と飛び込んでも，顧客には刺さらないのです。顧客からすれば「そこは困っていないけれど」という感じです。

――ホームページもマーケティング戦略を練ったうえで作成する。

　顧客がどういったときに検索するのか，動線を考えた上でホームページを作成しなければなりません。さらに，重要なのは「競合他社・エリア」について徹底的に分析する必要があります。

競合他社の分析

――どうやって競合他社を分析しましたか？

　私はWebマーケティングだけですから単純です。Web検索でヒットする競合他社について分析しました。立地や受任する価格，業歴，Webマーケティングの力量など。

　こうやって調べることで，どのレベル感でサイトを作成すれば勝てるかがわかります。Webで戦うなら，Webだけのリサーチで済むので簡単です。他社を上回るデザイン，コンテンツ量，顧客に訴求する構成のサイトにしよう，ということで地道に作ってきました。

開業立地の重要性

──エリアの分析については？

　Webマーケティングに加えて，開業する立地は重要な要素です。検索でヒットして，顧客が「いざ頼みに行こう」としたときに，あまりに遠ければ「面倒だな」と躊躇しますし，より駅近くに魅力的な競合他社があったりすれば「そっちでいいじゃん」となってしまいます。これは飲食店等の店舗経営と同じかと思います。

　新規開業の中にはあまり立地の重要性を考えていない方も多いように思います。「お金がないから自宅で開業」「生まれ育った馴染み深い土地で開業」等自分目線で開業場所を選ぶ方もいます。そうではなくてマーケティングの側面からは，顧客目線で戦略的に選ぶべきだと思います。自分の都合で立地を選んでいては，顧客に選ばれない可能性が高いのです。

　開業時に「お金がない」のは仕方ありませんが，今は駅近くのレンタルオフィスが沢山あります。日本政策金融公庫からお金を借りることもできます。「お金がない」を理由にしていては，マーケティングができず，いつまでも停滞した状況が続くでしょう。たまたま自宅開業したその立地が顧客ニーズと合致しているなどであればラッキーですが…。

──他にエリア選択で気をつけるべきことは？

　先ほど述べたように近隣エリアに強い競合他社がいたら避けたほうがいいです。便利な場所だけれども，強い競合他社がいない「穴」を見つけるべきです。

　例えば，新宿に強い競合他社がいるのであれば，池袋だって渋谷だって品川だってよいわけで，候補地は沢山あります。「勝てるところで勝つ」のがポイントで，リサーチすればどこが穴かは見えてきます。

──リサーチが重要ですね。

　エリア選択にあたっては，Web上だけではわからない面がありますので，歩きまわるとよいと思います。競合他社がどのような立地でどのようなグレードでやっているのか。「立派なビルに綺麗なオフィス」なのか「雑居ビルの1部屋」なのかは現地を見てみないとわからない面もあります。

Web マーケティング以外のマーケティング

──失敗談はありますか？

　失敗というか，コスパが悪かったな…と思うのは紙面広告と電柱広告です。仕事につながらないというわけではないのですが，費用対効果が Web 広告に比べて悪かったのです。リソースは限られていますので，そのぶんを Web 広告に投下したほうがよかったかなと今は思います。

　もちろん，やってみないとわからないこともあります。やってみて，費用対効果を比較してよかったものを続けていくのがよいと思います。

Message

　私の専門分野だと，Web マーケティングが大変効果的でした。しかし，行政書士の取り扱う分野は広く，顧客も多種多様です。取り扱う分野によって，効果的なマーケティングは違うと思いますし，都市圏か地方かによっても違ってきます。マーケティングの第一歩である「リサーチ」を大事にしてほしいと思います。

人材採用と教育

若松 直（わかまつ なお）（プロフィールは58頁）

組織について

——いまどれくらいの人数が働いていますか？

2022年5月現在，20名在籍しています。組織を説明しますと，行政書士資格者が在籍する行政書士法人第一綜合事務所と一般社団法人第一綜合コンサルティングの2つの法人で活動しています。

行政書士法人では，入管への各種申請，帰化許可申請などの国際業務を取り扱っています。行政書士法人は，業務部と支援部の部署があり，業務部には1課と2課の2つの課があります。支援部は，支援課と総務課に分かれてバックオフィスを支えてくれています。また，2022年4月には，東京の有楽町にも事務所を新設しました。

一般社団法人では，申請以外の外国人関係業務，例えば訳文の作成，外国人支援，セミナーやイベント企画等を行っています。

——法人化した理由は？

2010年9月に開業して，2013年に法人化しました。法人化の理由は，3年で順調に売り上げを伸ばすことができていたので，税金対策ということもありますが，それよりも差別化を図りたかったという理由が大きいです。というのも，2013年当時は行政書士事務所で法人化するところがあまりなかったからです。

行政書士法人第一綜合事務所では，国際業務を行っているのですが，取引先は大学や専門学校などの教育機関，大手企業などが中心です。

一般的に入管関係というと外国人から依頼を受けて手続きをするいわゆる

「BtoC」をイメージしがちですが，我々が行っているのは「BtoBtoC」という感じです。それもあって，個人事務所ではなく，対外的に信用度の高い法人にメリットを感じました。

——BtoBtoC？

はい。教育機関や企業から依頼されて所属する外国人に対するビザ申請をしています。教育機関と関わっている行政書士事務所は珍しいと思います。文部科学省の「留学生就職促進プログラム」のコンソーシアム機関として活動しているのも当法人の特徴です。

そのため，直接関わるのは外国人ではなく，教育機関や企業に在籍する日本人の担当者が多いです。

2021年12月現在，水際対策としてなかなか外国人が入国できない状況ですが，おかげさまで，コロナ禍でも昨対比で売上は114％と伸びています。さすがに新規入国できない状況なので戦略変更を行い，顧客ターゲットをBtoCにも広げ，日本国内に在留する外国人に向けても営業活動を強化しているところです。

採用について

——2022年も採用活動をされる予定ですか？

はい。当法人では，毎年12月に幹部合宿を行い，翌年の事業計画を立てます。その際に，営業戦略に加え，採用人数も決めることにしています。「欠員が出たから補充」という考え方ではなく，あらかじめ事業計画，営業戦略をもとに採用計画を立てているのです。もちろん，どうしても欠員が出たら採用活動をしますが。

例年，行政書士試験終了後の11月〜翌年2月，7月から9月にかけて採用活動をしています。

——求人の方法は？

リクナビやホームページ，SNSなどですね。採用プロモーションとして，当法人ホームページの採用情報にはかなり力を入れています。例えば，採用に関するデータや先輩の声を入れるなど，様々な情報を発信しています。おかげ

さまで，沢山の方にご覧いただき，PV 数も増加傾向にあります。今後も，応募者の方に有益な情報を発信していく予定です。

※ https://dsg.or.jp/recruit/

──社員教育にも力を入れているんですね。

　行政書士試験は実務家登用試験ではありません。試験に受かる＝実務ができる，わけではないのです。

　そのため，実務研修として入社後に新人合同合宿をやっています。この研修で当法人の業務を学んでいただけるようにしています。

　また，当法人のお客様が教育機関，企業であることから，名刺の渡し方からエレベーターの乗り方などのビジネスマナーもしっかり教えます。もちろんコストはかかりますが，採用・教育はセットと考えています。当法人の行動指針には，『社員の成長なくして会社の成長なし』（https://dsg.or.jp/company/vision/）というものがあります。この行動指針は，もちろん私だけではなく，管理職にも浸透しています。

　採用の最終責任は私が負いますが，管理職には教育に関して責任を持ってもらっています。「試用期間中には，絶対に諦めることなく教育をしてほしい」「最終ジャッジは私がするから教育に邁進してほしい」と伝えています。

※ https://dsg.or.jp/recruit/training/

——応募はどれくらいありますか。

　年々増えていて現在は130名くらいですね。その数字も公表しています。

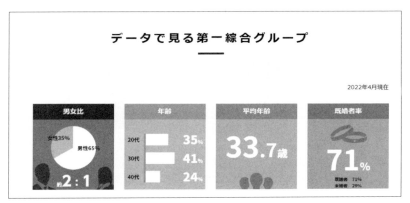

　※ https://dsg.or.jp/recruit/data/

——どういった人材を求めていますか？

　本人が実現したい事と当法人の企業理念とが合致しているのかを重視しています。なぜなら，最初は良くても当法人が目指す方向と本人がやりたい事と違えばどこかでハレーションが起きると考えているからです。

　我々が実現したい事にジョインする感覚か，あるいは真っ白で入社して引き上げられるか，そういう視点で見ています。

　経験者は即戦力という点で魅力ではありますが，どんなにキャリア・経験が豊富でも，当法人が目指す方向と応募者の方が目指す方向が異なれば採用しません。それは，どちらにとっても幸せではないと考えているからです。一方で，業界未経験であっても行政書士として1人前になりたい，という強い気持ちを持っている人には仲間になっていただきたいと考えています。

新人教育について

——新人教育について教えてください。

　先ほどの新人合同合宿のほか，業務時間中に，新人同士で情報交換ができる座談会の機会を入社3ヵ月間は2週間ごとに設けています。合宿という宿泊研

修で既に同期の絆ができていますから，新人同士のコミュニケーションはスムーズです。そして，同じ目線のスタッフ同士が教え合うことで，教え合う文化，仲間意識を醸成しています。もちろん先輩にも同席してもらいますが，ポイントはあまり口を出さないことです。極端な話，たとえ間違えて理解をしている知識があっても，その場では正さず，スタッフ同士で解決していくイメージです。こうやって，何か困ることがあった場合には，スタッフ同士で教え合う文化が醸成されていくのです。

さらに，当法人では，行政書士登録までの「等級表」というものを作成しています。最初は先輩に言われた事務的なことをやる⇒次は補助⇒次はお客様対応など，すべてステップを定めています。

もちろん，お客様の前に出るときは業務部長とロールプレイングをしてOKが出てからにしています。このようにして，新入社員が一人前になるまでサポートする体制を整えています。

──今時には珍しい，手厚い新人教育ですね。

私は入社は結婚と同義であると考えています。そのため，責任を持って育てたいと思っていますし，責任を持てない方は採用しないようにしています。

面接について

──面接はどのように行っていますか。

まずは，先ほど述べた採用計画で，各課で欲しい人材のペルソナ設定を明確にすることから始まります。各課で，「今年はこういう人が欲しい」「英語が話せる人が欲しい」「リーダーの素養がある人がいい」など詳細を決めていくイメージです。これは，必ず現場発信で，代表である私が勝手な思いで採用することはありません。

ペルソナを決めた上で3段階の選考をします。1つ目は書類選考で，これは人事担当者が担当します。その次は人事と各課の課長によるオンライン面接（近隣居住の方であればリアル面接）をします。

最終面接は私がしますが，必ず直接お会いするようにしています。全国から応募していただくので大阪や東京以外の他の遠方地域であっても例外なく直接

お会いします。同じ船に「オン・ボーディング」するわけですから，Zoomなどのオンラインが普及した世の中にあっても，対面で直接お会いして，お互いに意思を確認することは大切だと考えています。

――人材採用成功のポイントは？

当法人も人材採用には苦労してきました。今の体制は，苦労の産物というのが率直なところです。

「採用の成否は入社してみなければわからない」という声を耳にすることがあります。確かに私もそう思うのですが，採用と結婚を同義と考える私にとっては，入社してから採用の失敗に気づいても遅いわけです。そのため，面接では互いにギャップが生じないように，よい事ばかりではなく，悪い事も包み隠さずお話ししますし，応募者の方と本気で向き合います。

あとは，採用の失敗なのか，教育の失敗なのか，ごちゃまぜに考えることはしないようにしています。なぜなら，採用と教育を混同して考えると，失敗の本質がいつまで経っても見えないからです。失敗要因を正確に分析することで，今後の対策に活かしてきたのが私のやり方です。他責思考では何も変わらないと思っていますので，全ては採用した自分の責任と受け止めています。だからこそ，失敗したら次の対策を考え，行動に移していく。そのような積み重ねによって審美眼を磨いていくことこそが，人材採用成功への王道だと考えています。

行政書士試験に合格したから，行政書士資格があるからという理由だけでは採用しない事務所がほとんどです。大切なのは，行政書士としてどのように社会の役に立てるかだと思っています。そして，行政書士として何を成し遂げたいかです。

でも，安心してください。
ほとんどの方が実務未経験，実務知識もゼロからのスタートです。つまり，スタートラインはみんな同じなのです。
だからこそ，これからチャレンジする行政書士業務のことを徹底的にリサーチしてください。
情報にはインターネット，SNSでいくらでもリーチすることができます。リサーチして考えたことが間違っていても構いませんし，実務を知らないわけですから，視野が狭くたって一切恥じる必要はありません。

面接をしていて時に残念な思いになるのは，あまりに行政書士業界のことを知らない，当法人のことを知らない応募者の方と接する時です。資格があるから，試験に合格したから安泰ではありません。
ぜひ面接では，行政書士として何を成し遂げたいか，ご自身の夢を熱く語ってください。その熱い思いは，きっと結実するはずです。

事務所の組織化と拠点展開

塩谷 豪（しおや たけし）

PROFILE

　福島県南相馬市出身。1979年生まれ，東北学院大学法学部法律学科卒業。宮城県行政書士会所属。行政書士法人ファーストグループ代表社員（東京および仙台）。

　専門分野：建築業許可，経営事項審査，入札参加登録，産業廃棄物業者等の許認可。

より広い経済圏を求めて

——東京と仙台に拠点を持った理由は？

　現在，事業の本拠地は東京ですが，生活の拠点は仙台にあります。東京から新幹線で1時間半くらいですが，月に2，3回くらい行ったり来たりしています。仙台と東京に2対1くらいの比率でいます。

　なぜ東京に拠点を広げたか，ですが。

　仙台は，新幹線駅近くの中心部は都会的ですが，少し離れると意外とローカルな風景がひろがっています。関東や関西の大都市圏に比べ，経済圏が本当に小さいのです。27歳で行政書士事務所を開設して展開してきて，30歳でぼんやりと上限が見えて来てしまいました。若かったこともあり，この範囲内にいるのはつまらないと思いました。関東経済圏が3,800万人から4,000万人ともいわれるので，もっと広いフィールドで挑戦してみたいと思っていました。ちょうどそのタイミングで，「一緒にやりませんか」と東京の事務所から声をかけられ，合併しました。

　その後，福岡の天神にも拠点を展開し，3拠点でやっていましたが，声をかけてくれた東京の事務所が，福岡を気に入り，会社を分割してそちらに納まってしまい，私は仙台と東京を引き継いでやっている状況です。

　仙台は建設業許可がメインですが，東京は建設業許可のほか，入管関係，入札参加資格申請など広くやっています。

　仙台はスタッフ13名，東京はスタッフプロパーが5名です。同業者なども数名デスクをシェアしています。

東日本大震災と組織化・拠点展開

──どうして組織化・拠点展開を？

　東京への進出を考えていた矢先，東日本大震災が起こりました。事務所は建設業許可がメインですから，「仙台営業所を立ち上げたい」と依頼が殺到しました。仙台の復興特需ですね。全国の建設業界が慢性的な不況のなか，他の地方から建設業者が殺到しました。

　震災があって，同業者と話していくなかで個人事務所・個人の力の限界を感じるようになりました。大きなアクシデントが起きたときに1人では対応しきれないことが沢山あるからです。それから，個人からチームへ移行していくことを意識しています。何もなくても病気とかもありますしね。

──組織化・拠点展開にあたってまずやったことは？

　最初は人を増やすためにハローワークに求人を出しました。10年以上前で，そのころは社会保険とか雇用保険に関する意識も薄かったし，ブラック企業も多かった時代です。人がなかなか定着しませんでした。経営者の都合のよさを重視するばかりでは，人は動かない，働かないということを痛感しました。

　そこで，スタッフと話し合いながら「働きやすさ」を整えることを意識するようになりました。法定福利は当然として，オフィスのきれいさや個人の机やロッカーがあること，職場として快適な環境かということに気を配るようになりましたね。

　私自身，大きな組織で働いた経験がなかったので，そのあたりの認識が薄かったと思います。経営者とスタッフの「当たり前」にギャップがあると不幸な結果にしかなりません。

　余談になりますが，仙台と東京ではそれほどではありませんが，仙台と福岡

ではお互いの「当たり前」，暗黙のビジネスルールがやや違うなと思いました。同じ日本でも地方によってルールに微妙な違いを感じます。

組織化・拠点展開のメリット・デメリット

──メリットは？

まず，「余白ができること」です。仙台のスタッフがインフルエンザになって業務が停止したとき，東京の事務所がバックアップしました。

さらに，人数がいるということはそれだけ仕事も分散できます。個人事務所では月400時間働いていたのが，そこまでしなくてもよくなりました。

──デメリットは？

人件費にお金がかかることですね。事務所賃料から社会保険等もかかります。最初はお金がかかることをプレッシャーに感じていましたが，今はもう慣れました。

あと，2拠点あることで，リスクを分散できる反面，アクシデントの確率も上がるなと思っています。15年事務所経営をしていますが，仙台事務所には東日本大震災，東京事務所には今回のコロナ禍が直撃しましたから。その分「何が起きてもたいがいのことは何とかなる」「予想しないことが起こることがある」という耐性がつきました。アクシデントに強くなりましたね。

おわりに

──組織化を考える行政書士へのアドバイスをお願いします。

士業事務所は1人でヨーイドン！　とスタートすることが多いと思います。頑張ると，「これ以上1人では働けない」という限界値に達します。この時に事務所形態をどうしていくかが問題です。

できる方ほど「人に任せる」ことが苦手だったりすることがあります。人に任せることができると，業務は広がりを持っていきます。組織化とまではいかなくても，チームを作ることでクライアントに提供できる価値は上がります。

──拠点展開を考える行政書士へのアドバイスをお願いします。

　1 拠点よりも 2 拠点あれば，1 拠点が倒れても事務所が回っていくのでお客様の安心につながります。

> **Message**
>
> 　行政書士法人が 1 人でも設立できるようになりました。拠点展開をしていくことは比較的楽になったと思います。
> 　関東経済圏は4,000万，関西経済圏は2,000万，東名阪は大都会です。ローカルだとあっという間に上限が見えてきますが，戦うフィールドは無限に広がります。東京や大阪でなくても，近くの地方都市という戦略もよいと思います。
> 　地方で「ちょっと上限見えてきているな…」と閉塞感を感じるようになった方は，チャレンジしてみるのはいかがでしょうか。

INTERVIEW 5
組織内で働くという選択

寺嶋 紫乃（てらじま しの）

PROFILE

　岐阜県出身。2014年1月行政書士試験に合格し，同年7月に行政書士登録。名古屋市の繁華街錦三丁目に紫（ゆかり）行政書士事務所を独立開業。飲食店営業許可や風俗営業許可など許認可業務を中心に様々な手続きを経験。

　2016年1月ヘッドハンティングされ，行政書士法人名南経営に入社。難易度の高い許認可手続きや研修講師等コンプライアンスの対応を多数行っている。

独立⇒組織へ

──なぜ独立より組織で働くことを選んだか。

　今，名古屋にある行政書士法人名南経営で働いています。名南経営は名古屋では有名な大きな組織です。税理士法人，社労士法人，司法書士法人，法律事務所など多様な専門家を抱え，総勢600名を超えるネットワークで，50年以上の歴史を持ちます。クライアント数も全国6,000超という大きさ。

　その中で，行政書士法人はパートを入れて20名くらいです。

　実は私，名南経営に入社する前は独立して個人事務所を経営していました。あえて独立を経験して組織に入ったという変わった経歴の持ち主です。

　名南経営に入ったのは「うちで一緒に仕事しませんか？」とお誘いいただいたことがきっかけでした。

──元々独立されていた。

　そうなんです。ただ，積極的に独立したというよりは，2014年に合格した当時に行政書士の求人があまりなくて。できればその時もどこかの行政書士事務所に入りたいと考えていたのですが，仕方なく独立したという感じです。

—— 組織を希望した理由は？

　手に職が欲しくて行政書士という資格を取得しましたが，その中でもスペシャリストになりたいと考えていました。そうであれば，大きな規模の法人に入って色々知識を吸収したいなと考えていました。

　実は，私の母はキャリアウーマンでした。ほとんど家にいなくて淋しい面もありましたが，カッコよいなと自慢でもありました。母の影響を受け，私もキャリアウーマンへの憧れがあったので，20代の頃は一般企業の経理として仕事をこなしていましたが，「このままでいいのかな」という気持ちでした。もっと自分にしかできない仕事をしてみたいという気持ちがあったのです。

　たまたま知り合いに飲食店の経営者が多く，その関係で行政書士という仕事を知りました。法律とは無関係で過ごしてきたのですが，「これだ！」とピンと来て挑戦。2回の試験を経て働きながら合格しました。

　行政書士としての経験を積みながら，自分にしかできない仕事を見つけてみたい，その道のスペシャリストになりたいと考えていたので，組織で働くことが希望でした。

組織のメリット・デメリット

—— 組織のメリットは？

　独立と組織の両方を経験してわかることもありますね。

　独立して1人で仕事をしていると，お客様に寄り添って身近な存在として幅広く対応できるところがメリットです。さらに，朝早くから夜遅く，土日も関係なく，働き方の融通が利きやすいです。

　反面，いつでも働けてしまうので，自己管理できないと常に仕事モードになってしまうところがデメリットでした。私は仕事人間な面もあるので，ある程度ルールがある組織のほうが合っていると思いました。前日夜遅くまで起きていたから今日は午後から，など融通できるのは独立の良いところですが，仕事人間だとどうしてもオン・オフが切り替わらないことがあります。

　そんな私が感じる組織のメリットは，決められた時間内で仕事をこなす必要があるので，独立時と比べ，オン・オフの切り替えがハッキリして，メリハリ

のある生活になることです。そして，限られた時間の中で，どのようにしたら効率的に仕事を進められるかということも常に考えるようになりました。その結果，独立時に比べて，同じ時間をかけて得られる成果はかなり向上したと感じています。組織での経験が個人的な成長にも繋がっています。

また，私は現在，自分の担当先を持ち，案件対応もしていますが，管理職としての管理業務や後輩教育・指導が仕事の大半を占めています。私には直接売上が付かないような間接業務をする時間にも，他のメンバーや後輩が売上に繋がる仕事をしてくれています。そのおかげで，私は管理業務や教育などに力を入れることができています。これは組織のメリットであり，組織の強みだと感じています。

——組織のデメリットは？

経理として OL をしていた頃から，自分は我が強いためあまり組織に向かない人間だなと感じていました。納得しないと動けないので組織のルールになじめないことも多々あります。人間関係での苦労もありますし。そもそも，あまり人と関わらなくて良さそうという面で経理をしていたということもあります。

今の法人に入った時も戸惑いはありましたし，入社当初は色々周りにご迷惑をかけたと思います。

行政書士になった方や，行政書士を目指している方の中には「人の下では働きたくない」とか「自分は組織に合っていない」という方がいらっしゃると思います。確かに組織では，人間関係を構築する必要やメンバーで協力する必要，そして上司や先輩の指示や命令に従ったりする必要があります。個人的にはこのような堅苦しい部分や，自由さがないところが組織のデメリットであると感じたこともありました。人間関係が苦にならないような柔軟なタイプであれば，これはデメリットにならないかなと思います。その人次第ですね。

あとは，組織には「この業務はやらない」という線引きがあります。行政書士業務は範囲が広いので手広くやりたいという明確な意思があるのであれば独立のほうがいいのかなと思います。

ゼネラリストよりスペシャリストに

——先ほど，スペシャリストになりたいから組織を希望したと。

そうですね。独立していると幅広く，浅く，何でも対応できないと難しい部分があります。

組織では，狭く，深く。人が多いので行政書士業務の中でも分担が決まっています。クライアントが個人か法人か。個人であれば相続等がメインです。

さらに，1人だと面談から書類作成，提出，納品，請求まですべてやらないといけません。どうしても本来の業務に割ける時間が限られてしまいます。組織であれば，分担されているので，自分のやりたいことを究めていくことが可能です。

今は建設業がメインですが，手続きよりもコンプライアンスのサポートに入ることが多いです。同じ建設業の担当でも，ドストライクの書類作成をやるメンバー，お客様対応中心のメンバー，許可後のサポートメンバーと専門が分かれます。

単純な書類作成に終わらない業務が経験できるのは組織にいるからこそ。1人でやっていると作成業務で精一杯でしょうから，コンプライアンス等のコンサルティングにまで手は回らないと思います。

——自分のやりたいことが究められる。

そうですね。さらに，ずっと同じことをしていると飽きてしまうので，ステップアップしていけるメリットがあります。書類作成が得意であればそれを，営業が得意であればそれを，深めて伸ばすことに集中できるのは組織だからこそと思います。

おわりに

——組織で働く上で心がけていることは

当然ながら，周囲への配慮はするようにしています。お客様への配慮は当然ですが，それだけでなく，周りの仲間がそれぞれきちんと仕事に向き合える状況にいるかどうかについては配慮するようにしています。

入った当初は私も自分のことで精一杯でしたが，6年以上経ち，上司・後輩関係なく協力して仕事に向き合えるようになっています。名南経営では，許認可チームに配属されたら必ず建設業の手続きから入ることになっています。それゆえ，新卒採用者や転職者などと私は関わる機会が多いです。仕事をこなすだけではなくて，究めていく面白さを知ってもらえたらと思いながら関わるようにしています。

> **Message**
>
> 　時には上手くいかないこともあり，怒りたくなることがあっても，一呼吸置いてよく考えてから話すようになりました。そのあたりが組織でうまくやっていくコツなのかな，と思います。

私の独立開業日誌①
宮城 彩奈 (みやぎ・あやな)

PROFILE
　2015年度行政書士試験に合格。2016年に横浜市にて独立開業（行政書士さい事務所）。
　開業以降、「建設業・宅建業など土地建物関係の許認可手続きをサポートする業務」と「補助金申請や事業計画作成」を軸とした事務所経営を行い、現在は大手企業などを顧客先とした許可取得後の会社運営についてのアドバイスなども担当する。また、株式会社を設立しピアノスタジオの店舗経営など士業の枠にとらわれず幅広く活躍している。自身のYouTubeチャンネルは、独立開業・事務所経営・取り扱い許認可の解説動画などを投稿。これから開業する予定の資格者や、許認可に関係する企業からの定評がある。

行政書士として独立開業を目指した経緯

　学生の頃からそもそも、大学への進学は視野に入れていませんでした。高校卒業後は就職し、結婚して子供が産まれて…という人生を送ると思っていたからです。ところが、就職後1日8時間労働するという社会人生活の走り出しに、当時高校を卒業をしたばかりの私は一瞬で全部嫌になってしまいました。会社に行きたくないため、出勤するフリをして自宅を出てから近くの駐車場でうずくまり、親が仕事で家を出る時間が過ぎたらこっそり家に帰るようなこともしていました。

　「時間に縛られず自由にしたい！」そうなれば会社を退職する決意も一瞬で、就職1ヵ月で退職しました。その後はシフト制のバイトをしてフリーター生活を送ります。しかし、バイトをしていて「時間を売っているから稼ぎには限界があるんだ」と思い始めました。

　かといって何かを変えるわけでもなく日々を過ごしていましたが、ある日、

同い年（当時19歳）の女の子がママ社長になり，年商2億円を稼いでいるという特集をテレビで観て衝撃を受けました。

とても安直ですが，「お金も時間もあるって社長しかない！」と自分の中で腑に落ちる答えに行き着いたのです。

社長を目指そうと思ったものの，手持ちの資金もなく，行動には至らなかったのですが，ネットサーフィンで「資格で開業」という文字を目にしました。

「どうやら行政書士という資格は受験資格がなく開業にも費用負担が少ないらしい…。これしかない！」とすぐに受験を決意しました。その後，4度の受験を経て，合格後は即独立開業に踏み切りました。

未経験から始める営業活動

当たり前ですが俗にいうカネなしコネなし未経験でした。

当時はSNSの普及も今ほどなかったため，まずは人脈作りをしようと思い，異業種交流会に積極的に参加する日々を送りました。しかし，異業種交流会に参加して人と知り合えてもすぐ仕事に繋がることはありませんでした。

その後はテレアポ，飛び込み営業，FAXやハガキでのダイレクトメールなど色々やりました。動いたことにより，1週間で総額30万円くらいの案件を獲得することができ，「行動すれば成果は必ず着いてくる」と自信がつきました。

最初は建設業許可の更新申請のお仕事を受任しました。

業務を受任したものの，もちろんやり方なんてわかりません。まずは，申請先の役所が出している手引きを読み込み，申請書を作成するデモンストレーションをして実際の業務に備えました。

行政書士で独立開業するメリットと魅力

　行政書士が何をする資格なのかもいまいちわからないまま独立開業し，色々な経験をしました。今は，行政書士で開業してよかったと思っています。理由としては，４つあります。

① 仕入れ原価がかからない
② やることが決まっている
③ 信用力がある
④ 個人事業主スタートが基本

　まず，「①仕入れ原価がかからない」については，在庫を抱え，保管する場所を構えなければならないというリスクがありません。パソコン，スマートフォン，プリンターがあれば十分です。

書籍代などは
かかりますが、
知識は在庫に
なりません。

　「②やることがきまっている」については，行政書士は「何屋さんなの？」と聞かれることが多いですし，行政書士の資格を取得した後「自分は行政書士として何ができるのだろう？」と迷うかもしれません。行政書士は，行政書士法に法律上できることが記されているので，そこから専門分野を決めることになります。ベンチャー企業のように何もないまっさらなレールを進むわけではないのです。

　「③信用がある」については，資格のおかげで「秘密は守ってくれるから安心」というように信用を得やすいです。

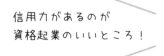

信用力があるのが
資格起業のいいところ！

　「④個人事業主スタートが基本」については，行政書士は個人事業主スタートが一般的です。（旧法では行政書士が2人いなければ行政書士法人になれませんでしたが，2021年の行政書士法改正により1人でも行政書士法人設立が可能になりました。）最初から行政書士法人にする方もいますが，多数は1人事務所でスタートしています。

　行政書士登録の際に入会金や会費などは多額に払いますが，毎年の法人税などはかからないため，費用的な面でメリットがあることと，個人事業主だとしても資格のおかげで信用力が担保されていることは魅力的だと思います。

Message

　初めての実務にあたり，大変だった事は「お客様に必要書類と案内した書類がそもそも何の書類だかわからない」という事です。
　住民票であれば生活している上で自分でも取得する機会はありますが，会社の手続きに必要な書類は，今までに見たことも聞いたこともない書類ばかりでした。「先生，この書類であっていますか？」と聞かれても答えられなかった事が自分でも情けなく感じました。
　最初は本当に大変でしたが，真摯に対応し続けた結果，お客様にも恵まれ，今ではスタッフも雇用しここまでやってこれています。

私の独立開業日誌②
辰巳 優子 (たつみ・ゆうこ)

PROFILE

　1990年鳥取県生まれ。地元の高校を卒業後，大阪でIT系の上場企業に就職。プログラミング講師として企業向けの研修を担当する。その後結婚・出産を経て，2016年より個人で在宅事務請負を開始。2018年に行政書士資格を取得し，翌年行政書士登録。行政書士向け学習サービス「行政書士の学校」のリニューアルを手がけるなど，幅広いバックオフィスの経験を活かして多方面で活躍中。

行政書士試験との出会い

　私が行政書士試験の受験を決めたのは，27歳の冬でした。ハタチのときに生まれた子どもが小学校に上がり，自分の生活に少し余裕が出てきた頃のことです。当時の私は個人で事務代行の仕事をしていたのですが，1社専属契約で稼働時間も固定だったため，比較的自由に使える時間が多くありました。ある日，折角なら何か勉強でもしたら？　と夫に勧められ（きっと暇そうに見えたのでしょう），「じゃあ何か国家資格でも取るね」と，驚くほど軽いノリで選択したのが行政書士でした。高卒でも挑戦できる資格だったこととバッジが気に入ったことが主な理由で，特に憧れや強いこだわりがあったわけではありません。

　受験を決めた私は，早速通信講座に申し込みました。価格は6万円。独学で勉強するという選択肢もありましたが，貧乏性なのでお金を払ってしまえば逃げられなくなるだろうという理由で，通信講座です。正直な話，学生時代には勉強で苦労した記憶のなかった私ですが，いざ法律の勉強を始めてみて大大大後悔。まず問題文が読めないのです。紛れもなく目の前に書いてある言葉は日本語なのに，何が書いてあるかちっともわからない。法律初学者の私には予想以上に勉強が苦しく，何度も自分の決意を後悔することになりました。

合格を掴むまで

　通信講座の受講期間は約8ヵ月。記録の限りでは600時間ほど勉強に費やし試験に挑みましたが、結果は惨敗。対策の足りなかった記述が6点しか取れず、14点足らずの不合格となりました。

　1度目の受験失敗で正直心は折れかけていましたが、なんとか気持ちを奮い立たせ挑戦することにした2度目の受験。日中は仕事をし、空いた時間で家事をこなし、子どもが帰ってくれば勉強を見て、夜間2〜3時間の勉強をする。こんな生活をまた1年続け、絶対にこれで最後にしてやるという決意で挑んだ2度目のチャレンジ。受験を決意してから2年弱、ついに合格を掴んだその日は偶然にも自分の29回目の誕生日でした。

20代最後の決意

　受験の動機が相当いい加減だった私。お気づきかもしれませんが、実は合格後のことをあまり真面目に考えていませんでした。折角資格を取ったのだから行政書士と名乗ってみたい気持ちはありましたが、登録費用も結構かかるし、どの業務もあまり馴染みがないし…と、あれこれ言い訳のようにして合格後も登録を先延ばしにしていたのでした。しかし30歳という一つの区切りが近づいてきたとき、やっぱり何かに挑戦してみたいと思うようになり、行政書士登録を決意します。

ノープラン開業の苦悩

　かくして、晴れて行政書士となった私ですが、この時点でもまだ行政書士としてのビジョンを何も描けないでいました。どちらかというと、(ぎりぎり)20代若手行政書士！　という自分に満足していた部分もあるのかもしれません。本で読んだりネットで調べたりして行政書士の業務が色々あることはわかっていましたが、どうにも実務のイメージが付きづらく、何を専門にするか絞りきれないでいました。とりあえず過去の経験と照らし合わせて一番しっくりきたのが知財関係だったため、まずは著作権相談員の研修を受け、手作りのホーム

172

ページには著作権申請や契約書作成を対応業務として載せました。とはいえ，この時点ではまだ事務代行の仕事も抱えていたため Web 集客は期待しておらず，紹介で入ってくる細々とした仕事をこなしながら行政書士事務所としてのスタートを切ることになりました。

補助金業務との出会い

　行政書士登録から数ヵ月後，ある日突然ホームページから問い合わせがありました。内容は「IT 導入補助金の相談に乗っていただけませんか？」というもの。実はこの時点でホームページには補助金ができますとは一言も書いていなかったのですが，たまたま過去の事務代行の仕事の中で IT 導入補助金の経験があったので，まずはお話を伺ってみることにしました。正直どういった部分で自分が力になれるのかはっきりイメージが持てないまま挑んだ打ち合わせでしたが，運良く正式にご依頼をいただけることになり，これが私にとって初めての補助金業務となりました。

　ちなみに，後日お客様に「なぜうちにご依頼をいただいたのですか？」と尋ねてみたところ，神戸で IT に強そうな士業を探していて Twitter からたどり着いたとのことでした。恐るべし Twitter。

業務特化までの道のり

　IT 導入補助金を取り扱い始めてからは，次々にお声がかかるようになりました。実は IT 導入補助金は数ある補助金の中でも少し毛色が違うため，実際に経験してみないと理解が難しい部分もあり，同業の先生からのご紹介も意外と多かったのです。特に新型コロナウイルスの影響で補助金の需要が高まっていたため，短い期間でも多くの経験を積むことができました。以降は他の補助金でも経験を積み，今はすっかり補助金業務が事務所売上の半分以上を占めるようになっています。

　補助金業務は，業務の性質上「採択が決定したら補助額の何割」という形で成功報酬をいただくことが一般的であるため，報酬の変動が激しい業務です。そのせいか「補助金を扱っている行政書士は流行りに乗って稼いでいるだけ」

という声を耳にすることもありますが，実際私の周りで活躍している先生方は，真摯にクライアントの新しい挑戦に向き合っていらっしゃる先生が多いように思います。

　採択・不採択のある業務なので収支の見込みが立てづらく，事務所運営としては難しさを感じる面もありますが，新しいビジネスに挑戦する方々から日々たくさんの刺激をもらっています。自分の関与した申請が採択になったときはもちろん嬉しいですが，クライアントと事業計画を一緒に考える中で「自分の考えがまとまってきました！」とか，「具体的な数字を見てなんだかやる気が出てきました！」という声を聞けることが，この業務を続ける一番のモチベーションになっています。

毎日の業務スケジュール

　年間を通して考えると，補助金申請の多い4～12月くらいが稼働も売上も多い時期になります。現在，行政書士業務以外のご依頼は別法人で対応することにしていますが，そちらの決算や確定申告が重なる1～3月は，事務仕事や翌年に向けての資料整備をすることが多くなっています。

●ある1日の流れ

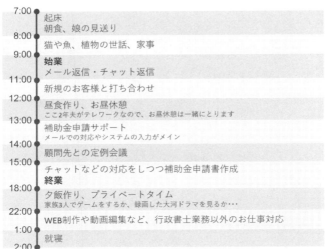

7:00	起床
	朝食、娘の見送り
8:00	猫や魚、植物の世話、家事
9:00	**始業**
	メール返信・チャット返信
11:00	新規のお客様と打ち合わせ
12:00	昼食作り、お昼休憩
	ここ2年夫がテレワークなので、お昼休憩は一緒にとります
13:00	補助金申請サポート
	メールでの対応やシステムの入力がメイン
14:00	顧問先との定例会議
15:00	チャットなどの対応をしつつ補助金申請書作成
	終業
18:00	夕飯作り、プライベートタイム
	家族3人でゲームをするか、録画した大河ドラマを見るか…
22:00	WEB制作や動画編集など、行政書士業務以外のお仕事対応
1:00	就寝
2:00	

起床はやや見栄を張って7時と書きまし
たが，朝が異常に弱いためあまりすっきり
と7時に起きられる日はありません。子ど
もを見送ったあとは軽く家事をしたり，猫
と日光浴をしたりして，始業に向けて動け
るように体を整えています。

　毎日の稼働時間は9時から18時く
らいを目安にしています。近いうち
に事務所を移転する予定ですが，現
時点では自宅兼事務所なので出社は
3秒。基本的に外に出る必要のない
業務ですので，始業から終業まで自
宅の事務所スペースで過ごしていま
す。扱う業務内容にもよりますが，
チャットツールやビデオ通話などを使えば業務上のコミュニケーションで困る
ことはありませんので，自宅開業で全国対応が十分可能です。主婦の方や副業
でスモールスタートを考えていらっしゃる方は，そういった観点で専門分野を
選んでみるのも良いかもしれません。

　多い日は1日4〜5件ほど打ち合
わせが入る日もありますが，あまり
打ち合わせの割合が多いと業務に支
障が出るため，原則1日2件くらい
までに調整しています。ありがたい
ことに行政書士業務以外のご依頼も
多いので，それらは基本的に夜間を
利用して対応しています。

　自宅兼事務所なので，オンとオフの切り替えは意識的にやらないと難しいです。特に仕事に没頭すると時間を忘れてしまうタイプなので，ちょっと作業しようかな…と思って夜始めたことが，気づけば外が明るい！なんてことも。

　最近はお昼休憩や終業時間になるとスマートスピーカーのルーティン機能で事務所スペースの電気を強制的に消すようにしていて，半ば無理やりですがメリハリをつけています。その他，個人的によかったと思っているのが電話代行の導入。メールやチャットがメインなのでもともとあまり電話の鳴らない事務所ではあるのですが，終業後もお客様から電話があるとつい出てしまうのが悩みでした。電話代行の導入で，オフの時間に強制的にオンになってしまうストレスは減ったかなと思っています。

　極度の運動嫌いで体力がないことが本当に心配なので，今後はしっかりオフの時間を設けて運動に取り組むのが目標です（笑）。

〔編著者紹介〕

大野　裕次郎（おおの　ゆうじろう）◆行政書士法人名南経営　社員

　愛知県出身。建設業者のコンプライアンス指導・支援業務を得意としている。著書に，『建設業法のツボとコツがゼッタイにわかる本』（共著，秀和システム）がある。

〔著者紹介（50音順）〕

赤沼　慎太郎（あかぬま　しんたろう）◆行政書士赤沼法務事務所　代表

池尻　真理（いけじり　まり）◆行政書士事務所リーガルブルー　代表

石下　貴大（いしげ　たかひろ）◆行政書士法人GOAL　代表社員

小澤　信朗（おざわ　のぶあき）◆行政書士法人放デイラボ　代表社員

小島　健太郎（こじま　けんたろう）◆さむらい行政書士法人　代表社員

阪本　浩毅（さかもと　ひろき）◆行政書士法人シグマ　代表社員

佐藤　友哉（さとう　ともや）◆行政書士法人アーバン　代表社員

塩谷　豪（しおや　たけし）◆行政書士法人ファーストグループ　代表社員

辰巳　優子（たつみ　ゆうこ）◆とり行政書士事務所　代表

寺嶋　紫乃（てらじま　しの）◆行政書士法人名南経営　行政書士

原田　裕（はらだ　ゆたか）◆行政書士法人名南経営　社員

古川　晃（ふるかわ　ひかる）◆行政書士法人RCJ法務総研　代表社員

宮城　彩奈（みやぎ　あやな）◆行政書士さい事務所　代表

若松　直（わかまつ　なお）◆行政書士法人第一綜合事務所　代表社員

行政書士実務セミナー〈専門分野選択編〉

2022年7月5日　第1版第1刷発行
2023年4月5日　第1版第2刷発行

編著者　大　野　裕次郎
発行者　山　本　　　継
発行所　㈱中央経済社
発売元　㈱中央経済グループ
　　　　パブリッシング

〒101-0051　東京都千代田区神田神保町1-31-2
電話　03 (3293) 3371 (編集代表)
　　　03 (3293) 3381 (営業代表)
https://www.chuokeizai.co.jp
印刷／文唱堂印刷㈱
製本／誠　製　本㈱

©2022
Printed in Japan

＊頁の「欠落」や「順序違い」などがありましたらお取り替えいた
しますので発売元までご送付ください。(送料小社負担)
ISBN978-4-502-43191-3 C2034